Hans Földeak



# Sag's besser!

## Ein Arbeitsbuch für Fortgeschrittene

## Teil 2: Ausdruckserweiterung

Verlag für Deutsch

**deutsch üben**

ist eine Reihe von Übungsbüchern zu Grammatik, Wortschatz und Rechtschreibung, die als unabhängiges Material zu jedem beliebigen Lehrbuch, aber auch kurstragend benutzt werden können. Bedingt durch die Konzeption, daß in die Übungsblätter auch hineingeschrieben werden kann, liegt der Übungsschwerpunkt im schriftlichen Spracherwerb.

Sämtliche Bände sind auch für den Selbstunterricht geeignet.

Lösungsschlüssel zu Sag's besser! Teil 1 und 2
Best.-Nr. 3–88532–657–4



7. 6. 5. | Die letzten Ziffern
1998 97 96 | bezeichnen Zahl und Jahr des Druckes

Alle Drucke dieser Auflage können, da unverändet, nebeneinander benutzt werden


Max-Hueber-Straße 8, D-85737 Ismaning, München
Umschlaggestaltung: Jürgen Schönwiese, München
Satz: VfD-Ismaning
Druck und Bindung: Schoder, Gersthofen
Printed in Germany
ISBN 3–88532–656–6

# Vorwort

SAG'S BESSER ist ein Arbeitsbuch für fortgeschrittene Deutschlerner, denen die wichtigsten Grundlagen der deutschen Grammatik bekannt sind und die über einen entsprechenden Wortschatz verfügen.

Es entstand aus der Praxis des Deutschunterrichts mit Ausländern und wurde über lange Zeit mit Lernenden verschiedenster Muttersprachen erprobt. Das Arbeitsbuch wendet sich an Lerner der Mittelstufe und Sprachstudenten mit höherem Lernniveau. Im Vordergrund steht die Sicherheit im schriftlichen und mündlichen Ausdruck, vor allem die Fähigkeit, Sprechintentionen und Sachverhalte auf verschiedene Weise äußern und beschreiben zu können. Damit einher geht die Übung der hierfür notwendigen grammatischen Phänomene. Diesem Lernzielansatz gemäß sind die Kapitel, soweit es möglich war, nach sprachfunktionalen statt nach sprachstrukturellen Kriterien geordnet und benannt.

SAG'S BESSER stellt in Teil 1 die grammatischen Grundlagen für eine fortgeschrittene Beherrschung des Deutschen im schriftlichen und mündlichen Ausdruck bereit.

In Teil 2 werden diese Kenntnisse und Fertigkeiten erweitert, wobei Varianten der Ausdrucksfähigkeit und stilistischen Sicherheit besondere Aufmerksamkeit gewidmet wird. Gleichzeitig erhöht sich der Schwierigkeitsgrad der Aufgaben, und der Wortschatz wird anspruchsvoller. Aufgaben mit gestuften Schwierigkeitsgraden finden sich auch innerhalb der zwei Teilbände und sind entsprechend gekennzeichnet.

Die Vielzahl der Übungen ermöglicht es, bestimmte Fertigkeitsbereiche im Laufe eines Kurses mehrmals zu behandeln, ohne eine einzelne Übung zweimal machen zu müssen. Die Textgerüste am Ende jedes Teilbandes helfen dem Lernenden, größere sprachliche Einheiten zu formulieren, und fördern und fordern dadurch sein Sprachgefühl.

SAG'S BESSER kann unabhängig von und ergänzend zu jedem kurstragenden Lehrbuch der Mittelstufe eingesetzt werden. Es bietet dem Sprachlehrer, der anstatt eines Lehrbuchs lieber mit ständig wechselnden aktuellen Texten arbeitet, das notwendige Übungsmaterial für die unverzichtbare Spracharbeit.

Dank der optischen Gestaltung des Arbeitsbuchs läßt sich jede Aufgabe beliebig oft wiederholen, indem der bereits ausgefüllte Antwortenblock verdeckt wird. Zu den beiden Teilbänden gibt es einen separaten Lösungsschlüssel, so daß sich das Arbeitsbuch auch in besonderer Weise für das Selbststudium eignet.

Im Anhang zu Teil 2 finden sich außerdem zum Nachschlagen umfangreiche Übersichten zu den semantischen und syntaktischen Funktionen der Konjunktionen, zu Bedeutungen und Synonymen der Modalverben und zu seltener gebrauchten Präpositionen.

Für K.

# Inhaltsverzeichnis



## *Morphologie und Syntax*

### Wiederholungsaufgaben



## *Bedeutungspräzisierung mit verbalen Strukturen*

### Verben mit Vorsilben

## *Gestaltung größerer Einheiten*



## *Anhang*

# Hinweise für den Lernenden

**1. Voraussetzungen für die Arbeit mit diesem Buch:**
Der Inhalt von SAG'S BESSER, Teil 1 sollte Ihnen vertraut sein. Wichtig sind besonders Nebensatz- und Hauptsatzkonjunktionen. Die Übungsform der Textgerüste aus Teil 1 sollte Ihnen bereits bekannt sein.

**2. Dies ist Ihr Ziel:**
Sie streben eine möglichst perfekte Beherrschung der gesprochenen und besonders der geschriebenen Sprache an.

**3. Das lernen Sie mit Hilfe dieses Buches:**
Sie können sich im Deutschen präziser ausdrücken, sowohl in der gesprochenen als auch der geschriebenen Sprache. Dies ist wichtig, wenn Sie an Diskussionen teilnehmen wollen oder während des Studiums schriftliche Arbeiten anfertigen müssen. –
Mit Hilfe der Textgerüste beginnen Sie, größere Zusammenhänge sprachlich zu gestalten. Sie festigen und vertiefen Ihre Grammatikkenntnisse. Sie erweitern Ihren Wortschatz.

**4. Das finden Sie in diesem Buch:**
Systematische Übungen zu den wichtigsten Bereichen der deutschen Grammatik – Wiederholungsübungen zur Grammatik von Teil 1 – Zahlreiche Übungen zu Satzverbindungen und zu Umformungen im Bereich der Nebensätze – Schwierigere Textgerüste aus verschiedenen Bereichen der deutschen Prosa

**5. So lernen Sie mit diesem Buch:**
Notieren Sie sich die Lösungen der Aufgaben auf einem gesonderten Blatt, und tragen Sie nach der Korrektur diese Lösungen in das Arbeitsbuch ein.

Die Übungen sind zum Teil sehr anspruchsvoll und entsprechen den Anforderungen, wie sie z.B. an Universitäten gestellt werden. Je öfter Sie die bereits behandelten Übungen wiederholen, um so größere Sicherheit gewinnen Sie und um so größere Freude werden Sie an der deutschen Sprache haben.

**Abkürzungen und Symbole**

| | |
|---|---|
| iR | indirekte Rede (Konjunktiv I) |
| KII | Konjunktiv II (Irrealis) |
| = Passiv | Zustandspassiv *(Das Diktat „ist verbessert".)* |
| Pl. | Plural |
| + | *und* |
| ○ | Dieses Wort braucht bei der Antwort nicht verwendet zu werden |
| * | Anmerkung, Worterklärung |
| ✖ | Übung mit erhöhtem Schwierigkeitsgrad |
| → → | Hinweis auf andere Übungen zum Thema |

# Rätsel und Tests

## 1 Rätsel

Im folgenden Rätsel sind Wörter zu finden und nacheinander in die Kästchenreihen einzutragen. Die Anzahl der Buchstaben ist jeweils in Klammern angegeben (Ä = Ä). Die Buchstaben in den numerierten Kästchen ergeben einen Spruch von Alfred Polgar, einem bekannten Wiener Schriftsteller (1875-1955).

A: süßlich-sentimental (8) – öffentliche politische Versammlung (10) – Teile eines Baums (6) – Autor eines Artikels (9) – dicke Schnur (6) – alt, vom Einsturz bedroht (bei Gebäuden) (9)

B: Resultat (8) – Fall (5) – kurze Rede (9) – Gabe an eine Gottheit (5)

B

A

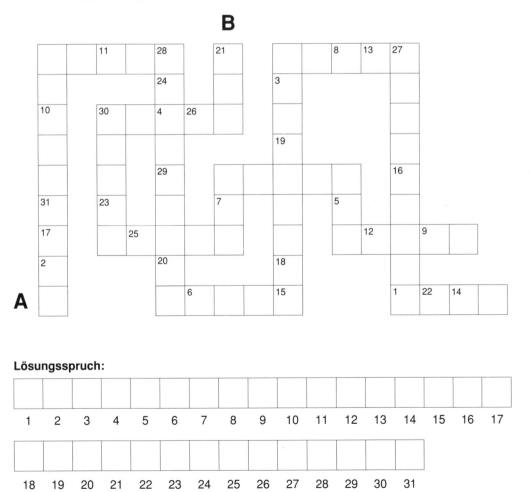

**Lösungsspruch:**

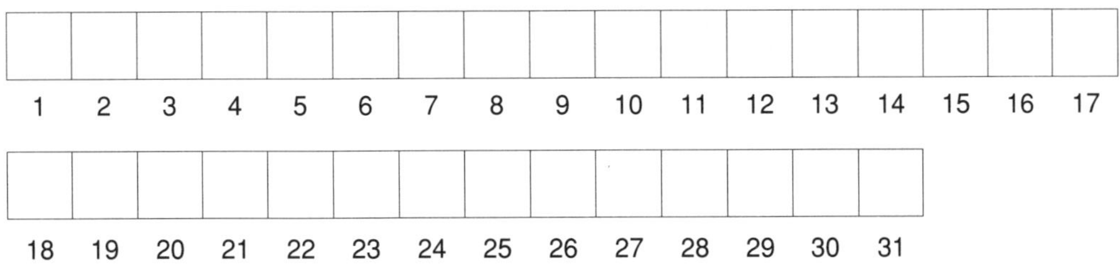

## 2 Eingangstest

In den folgenden Sätzen werden jeweils drei oder vier Lösungsmöglichkeiten angeboten, von denen aber nur eine richtig ist. Schreiben Sie (mit Bleistift) die Ihrer Meinung nach richtige Lösung (a, b, c oder d) in das freie Kästchen am rechten Rand. Überprüfen Sie dann mit Hilfe des Lösungsschlüssels, wie viele richtige Lösungen Sie haben. Die Punkteskala sagt Ihnen, wie gut Sie abgeschnitten haben.

1) Meine Oma [a) erschreckt b) erschrick c) erschreckte d) erschrickt] vor Mäusen. ☐

2) Rolf [a) stach b) stich c) stecht d) stacht] sich in den Finger. ☐

3) Warum [a) verdirbt b) verdirb c) verderbt d) verdarbst] ihr dem Kind die Freude? ☐

4) Der Sterbende [a) verzog b) verzieh c) verzeih d) verzeigt] all seinen Feinden. ☐

5) Hast du Bier im Haus?
Ja, ich habe [a) eins b) welches c) es]. ☐

6) Wir könnten Ihnen wunderbare Würste anbieten!
[a) Welche? b) Was für eine? c) Was für welche?] ☐

7) Gibt es hier kein Fahrrad?
Doch, hier steht [a) welches b) eins c) es]. ☐

8) Veronika hat sich [a) auf b) in c) mit d) wegen] Waldemar verliebt. ☐

9) Denk jetzt nicht
[a) an b) von c) auf d) über] morgen! ☐

10) Die Verbraucher wurden [a) vor b) von c) wegen d) über] dem Kauf von Kalbfleisch gewarnt. ☐

11) Hast du dich schon [a) zu b) mit c) von d) aus] Familie Berkau verabschiedet? ☐

12) Übersetzen Sie mir bitte diesen Brief
[a) in Spanisch b) aufs Spanische c) ins Spanische d) zum Spanischen]. ☐

13) [a) Worin b) Woraus c) Worauf d) Wovon] besteht die Aufgabe des neuen Angestellten? ☐

14) Er fürchtet [a) für den b) vom c) vor dem d) um den] Verlust seines Eigentums. ☐

15) Die Feier konnte nicht verschoben
[a) geworden b) werden c) wurden d) gewesen]. ☐

16) Der Täter hat verhaftet [a) werden können
b) worden können c) geworden können d) werden gekonnt].

17) Die Aufgabe ist von einem Studenten gelöst
[a) geworden b) worden c) gewesen d) werden].

18) Die [a) unterbrechende b) unterbrochene] Konferenz
wurde fortgesetzt.

19) Siehst du die [a) blühenden b) geblühten]
Rosen?

20) Der [a) sich entwickelte b) entwickelnde
c) sich entwickelnde d) entwickelte] Tourismus ...

21) Der [a) beseitigende b) zu beseitigende c) zu beseitigte
d) beseitigen zu habende] Müll ...

22) Vorgestern [a) könntest du mich besuchen.
b) würdest du mich besuchen können. c) hättest du mich besuchen können.]

23) Er schaut sie an, [a) als würde er sie früher nie sehen.
b) als hätte er sie zum erstenmal gesehen.
c) als sähe er sie zum erstenmal.]

24) Er ist für längere Zeit verreist. [a) Sei er nur schon wieder da!
b) Wäre er doch schon wieder da gewesen!
c) Wenn er doch schon wieder da wäre!]

25) Die Behandlung gelang mit Hilfe
[a) reines Öls b) reines Öl c) reinem Öl d) reinen Öls].

26) [a) Welche neuen b) Welchen neue c) Welch neuen
d) Welche neue] Bücher werden in der Bibliothek angeschafft?

27) Auf dem Boden lagen [a) viele silbernen b) viel silberne
c) viele silberne d) viel silbernen] Münzen.

28) Peter ist [a) einer meiner Freunde b) einer meinen Freunden
c) ein meiner Freunde d) einen meinen Freunden].

29) Susanne lebt in Heidelberg,
[a) eine der schönsten Städten Deutschlands.
b) einer der schönsten Städte Deutschlands.
c) einem der schönsten Städten Deutschlands.
d) eins der schönsten Städte Deutschlands.]

30) Beeile dich! Wir haben [a) nur mehr b) schon noch
c) nur schon d) erst] zehn Minuten Zeit.

31) Es ist schon spät. Willst du Renate heute noch anrufen?
Nein, heute [a) nicht nur b) schon nicht c) noch nicht d) nicht mehr].

32) Wir müssen warten. [a) Erst b) Schon c) Nur d) Noch]
wenn wir ein Zeichen bekommen, dürfen wir losfahren.

33) Der Malkurs beginnt [a) schon b) nur c) noch d) erst]
im September, nicht früher.

34) Die Angeklagte wurde vernommen.
= [a) die Vernahme b) die Vernehmung c) das Vernehmen]
der Angeklagten

35) Die Milch enthält Fett.
= [a) der Fettinhalt b) das Fettenthalten c) der Fettgehalt
d) die Fettenthaltung] der Milch

36) Die Stadträte widersprachen.
= [a) die Widersprache b) die Widersprechung
c) der Widerspruch d) das Widersprechen] der Stadträte

37) Solange die Bibliothek besteht, ... = seit [a) Bestehen
b) Bestand c) Bestehung] der Bibliothek

38) [a) Unter b) Zwischen c) Bei d) Zu] uns gesagt –
die beiden wollen heiraten!

39) Treffen wir uns doch
[a) in b) nach c) gegen d) zu] zehn Minuten am Brunnen.

40) [a) Wegen b) Aus c) Zur d) Vor]
Überraschung blieb sie mit offenem Mund stehen.

41) Gott sei Dank hatte ich etwas Geld
[a) an b) mit c) bei d) in] mir.

42) Die Besucherzahlen des Museums haben sich im letzten Jahr
[a) mit b) auf c) von d) um] 20% erhöht.

43) [a) In der b) An c) Um die d) Um]
Mitternacht verließ er die Wohnung.

44) [a) Mit b) Von c) Aus d) Zu]
dieser Musik kann ich nicht genug hören.

45) Wenn er uns geholfen hätte, wären wir jetzt fertig.
= [a) Dank seiner b) Wegen seiner c) Mit seiner
d) Ohne seine] Hilfe wären wir jetzt fertig.

46) Ich fahre ungern mit dem Auto dorthin, zumal die Straßen schlecht sind.
= Ich fahre ungern mit dem Auto dorthin,
[a) vor allem dank dem schlechten Straßenzustand.
b) nur wegen des schlechten Straßenzustands.
c) allein bei schlechtem Straßenzustand.
d) besonders wegen des schlechten Straßenzustands.]

47) Beim Anblick des Festredners mußte ich plötzlich lachen.
= [a) Wenn b) Wann immer c) Als d) Sooft]
ich den Festredner sah, mußte ich plötzlich lachen.

48) Bei Schwierigkeiten mit dem Gerät ruf mich an!
= [a) Solange b) Falls c) Als d) Nachdem]
du Schwierigkeiten mit dem Gerät hast, ruf mich an.

49) Obwohl viele protestierten, wurde das Haus abgerissen.
= [a) Wegen der vielen Proteste b) Ungeachtet der vielen Proteste
c) Dank den vielen Protesten d) Infolge der vielen Proteste]
wurde das Haus abgerissen.

50) Die Frau, [a) mit derer altem Auto
b) mit deren alten Auto c) mit derer alten Auto
d) mit deren altem Auto] ich gefahren bin, ...

51) Die Theaterstücke, [a) deren du zwei gesehen hast,
b) zwei von denen du gesehen hast,
c) von denen du zwei gesehen hast,
d) derer zwei du gesehen hast,] ...

52) Sie begann, einen Roman zu lesen,
[a) statt b) ohne c) um] ihre Hausaufgabe zu machen.

53) Jürgen hatte die Wohnung gewechselt,
[a) ohne daß b) statt daß c) damit] wir davon wußten.

54) Wir verschieben den Wochenendausflug,
[a) vorausgesetzt, b) es sei denn,] wir schaffen die Arbeit.

55) [a) Ehe b) Solange c) Nachdem d) Sobald] Sie in die
Sprechstunde gehen, müssen Sie sich anmelden.

56) [a) Sobald b) Soweit c) Solange d) Sofern] der Termin
feststeht, beginnen wir mit den Vorbereitungen.

57) Pannen lassen sich vermeiden, [a) obwohl b) auch wenn
c) indem d) sobald] man sich an die Vorschriften hält.

58) Ich möchte nie dort wohnen, [a) wenn b) trotzdem c) falls
d) selbst wenn] die Miete nur halb so hoch wäre.

59) Sie beginnt im September mit ihrem Fachstudium,
[a) vorausgesetzt, daß b) auch wenn c) es sei denn, daß
d) obgleich] sie die Aufnahmeprüfung besteht.

60) Jüngere Leute reisen gern allein, [a) als ob
b) während c) indem d) damit] ältere Menschen
Gruppenreisen vorziehen.

**Ihre Punktezahl: __________ von 60**

**Bewertung:**

| | | |
|---|---|---|
| 60 – 58 Punkte | = | Das haben Sie sehr gut gemacht! |
| 57 – 51 Punkte | = | Ein gutes Ergebnis! |
| 50 – 41 Punkte | = | Gar nicht so schlecht. |
| 40 – 34 Punkte | = | Es wird empfohlen, ... |
| 33 – 31 Punkte | = | ... so bald wie möglich |
| 30 – 0 Punkte | = | ... und sehr gründlich |
| | | Teil 1 von SAG'S BESSER (noch einmal) durchzuarbeiten. |

## 3 Buchstaben-Eintopf

Testen Sie von Zeit zu Zeit Ihren Wortschatz! Beim „Buchstaben-Eintopf" geht es darum, mit den Buchstaben des angegebenen Nomens andere Nomen (keine Namen oder geographischen Bezeichnungen!) zu bilden. Aus dem Wort ELISABETH lassen sich zum Beipiel die Wörter EI, EIS, EILE, TEE, HALS, SEE, TEIL bilden. Die Buchstaben *A* und *E* ergeben einen Umlaut *(SÄBEL)*, SS ergibt ß. Am besten, Sie spielen den Eintopf in Mannschaften. Die Spielzeit beträgt maximal 10 Minuten. Wörter, die beide Mannschaften gemeinsam haben, werden durchgestrichen. Um die Wörter, die die andere Mannschaft nicht hat, machen Sie einen Kreis. Die Mannschaft mit den meisten Kreisen hat gewonnen.

ALKOHOLSPIEGEL
BAUCHREDNER
CHRISTBAUM

DAUERWURST
ESELSBRÜCKE
FLASCHENPOST

GARTENZWERG
HEIRATSSCHWINDLER
IDEALFIGUR

JUGENDLIEBE
KATZENSPRUNG
LÜGENMÄRCHEN

MORGENLAND
NERVENKITZEL
OSTERHASE

POLTERABEND
QUÄLGEISTER
REGENSCHIRM

SPIESSBÜRGER
TAUGENICHTS
UMSTANDSKLEID

VATERFREUDEN
WÜNSCHELRUTE
ZAHNSTOCHER

# Morphologie und Syntax

# Wiederholungsaufgaben

## *Hinweise zu den Übungen mit Satzgerüsten*

In den Übungen 5 – 10, 37 und 39 sind aus den Satzgerüsten vollständige Sätze zu bilden. Dabei helfen Ihnen folgende Hinweise und Symbole:

**1.** Die Satzgerüste beginnen immer mit dem Subjekt; es ist jeweils kursiv gedruckt. An zweiter Stelle steht das Prädikat im Infinitiv.

**Beispiel:** *Martin* – kochen
*Martin kocht (kochte, usw.).*

**2.** Genitive stehen hinter dem Nomen in Klammern.

**Beispiel:** *er* – hören – laut, Bellen (Hund)
*Er hört (hörte usw.) das laute Bellen des (eines) Hundes.*

**3.** Wenn das Satzgerüst mit einem Fragezeichen (?) oder Ausrufezeichen (!) beginnt, ist jeweils ein Frage- oder Ausrufesatz zu bilden.

**Beispiel:** ? *du* – Schach spielen
*Spielst du Schach?*
! *ihr* – besuchen – ich
*Besucht mich!*

**4.** Steht ein Verb im Infinitiv direkt bei einem Nomen, so ist das Partizip zu bilden. Die Form des Partizips geht aus dem Zusammenhang hervor.

**Beispiel:** blühen, Baum = *der blühende Baum*
belohnen, Kind = *das belohnte Kind*

**5.** Negationen werden durch das Zeichen (/) ausgedrückt. Dieses Zeichen steht jeweils hinter dem Wort, das negiert werden soll.

**Beispiel:** *ich* – haben( / ) – Lust
*Ich habe (hatte usw.) keine Lust.*
*Regen* – aufhören(/)
*Der Regen hört (hörte usw.) nicht auf.*

**6.** Temporalbestimmungen (heute, am Dienstag, jetzt usw.) und Modalbestimmungen (langsam, gern usw.) stehen in Klammern vor dem Verb.

**Beispiel:** *wir* – (morgen) besichtigen – Köln
*Morgen besichtigen wir Köln.*
*Fritz* – (gern) machen – Bergtouren
*Fritz macht gern Bergtouren.*

## 4/5 Starke und unregelmäßige Verben

## 4 Übungsliste

Die folgende Liste enthält die Infinitivformen seltener starker Verben. Tragen Sie bei allen Verben die Formen des Präteritums und des Perfekts ein (und zwar in der 3. Person Singular). Das Präsens ist nur bei abweichenden Formen einzutragen.

**Beispiel:**

| | | | |
|---|---|---|---|
| fangen | (er) fängt | fing | hat gefangen |
| bergen | ______ | ______ | ______ |
| eindringen | | ______ | ______ |
| flechten | ______ | ______ | ______ |
| gären | | ______ | ______ |
| gebären | sie ______ | ______ | ______ |
| gedeihen | | ______ | ______ |
| genesen | | ______ | ______ |
| klingen | | ______ | ______ |
| kriechen | | ______ | ______ |
| erlöschen[1] | ______ | ______ | ______ |
| melken | | ______ | ______ |
| pfeifen | | ______ | ______ |
| rinnen | | ______ | ______ |
| salzen[2] | | ______ | ______ |
| saufen | ______ | ______ | ______ |
| saugen[3] | | ______ | ______ |
| oder: | | ______ | ______ |
| scheren | | ______ | ______ |
| schleifen[4] | | ______ | ______ |
| oder: | | ______ | ______ |
| schmelzen | ______ | ______ | ______ |
| schwellen | ______ | ______ | ______ |
| spalten | | ______ | ______ |
| erwägen | | ______ | ______ |

1 Die transitiven Formen des Verbs *löschen* werden schwach gebeugt, z.B.: *Das Feuer wurde rasch gelöscht.*

2 Das Partizip II ist nur in der Bedeutung „Die Preise sind gesalzen“, oder „ein gesalzener Witz“ gebräuchlich.

3 Sowohl die starke als auch die schwache Beugung sind heute üblich. In der Sprache der Technik wird eher die schwache Form verwendet, z.B.: *Das restliche Benzin wurde mit einem Schlauch abgesaugt.*

4 Die starke Form bedeutet „durch Reiben scharf machen“, z.B.: *Messer, Schere* usw.
Die schwache Form bedeutet, „etwas über den Boden ziehen, weil man es nicht tragen kann oder will“, z.B.: *Kiste, Sack.*

## 5 Starke und unregelmäßige Verben

Bilden Sie aus den Satzgerüsten zunächst Sätze im Präsens, und schreiben Sie in Klammern die Formen von Präteritum und Perfekt dazu.

1) *durstig, Hund* – aussaufen – ganz, Wasser
2) *Katze* – kriechen – (unter) Bett – Angst
3) *Flüssigkeit* – rinnen – undicht, Behälter – Boden
4) *Verletzter* – saugen – Blut – Wunde
5) *Wirt* – schleifen – alle, stumpf, Messer
6) *gebrochen, Arm* – (kurz, Zeit) anschwellen
7) *man* – (Mitte Juni) scheren – Schafe
8) *Königin* – gebären – lang erwartet, Thronfolger
9) *Pflanzen* – gedeihen – feucht, Klima
10) *Glocken (Dorfkirche)* – (Sonnenuntergang) erklingen
11) *Bäuerin* – melken – Ziege
12) *Partei* – (auf Kongreß)(endgültig) sich spalten
13) *Feuerwehr* – bergen – Verunglückter – (aus) Auto
14) *Dieb* – (gegen Mitternacht) eindringen – Büroräume
15) *jung, Frau* – flechten – Körbe, (aus) Zweige
16) *Schwerkranker* – (nur langsam) genesen
17) *Fahrer* – schleifen – schwer, Kiste – Hof
18) *Wanderer* – pfeifen – ein, Marsch, (nach) (andere)
19) *Preis (Pullover)* – aber – salzen
20) *Feuer, (in) Herd* – (Nacht) erlöschen
21) *gut, Fruchteis* – (leider) schmelzen – Sonne
22) *Spinne* – spinnen – Netz – (hinter) Vorhang
23) *Wein* – gären – (zu) Essig
24) *manche* – erwägen – Umzug, andere Stadt

1) ______________________________

2) ______________________________

______________________________

3) ______________________________

______________________________

4) ______________________________

5) ______________________________

______________________________

6) ______________________________

______________________________

7) ______________________________

8) (nur Präteritum und Perfekt) ______________________________

______________________________

9) ______________________________

10) ______________________________

______________________________

11) ______________________________

12) ______________________________

______________________________

13) ______________________________

______________________________

14) ______________________________

______________________________

15) ______________________________

______________________________

16) ______________________________

17) ______________________________

18) ______________________________

______________________________

19) ______________________________

20) ______________________________

21) ______________________________

______________________________

22) ______________________________

______________________________

23) ______________________________

24) ______________________________

______________________________

## 6 Verben mit Dativ- und Akkusativobjekt ✖

Bilden Sie Sätze im Präteritum.

**Beispiele:** *ich* – schenken – Ball – Kind — Ich schenkte dem Kind einen Ball.

1) *Künstler* – bereiten – herzlich, Empfang – Gäste
2) *Kind* – verschweigen – Begegnung – Eltern
3) *Zutritt*, (zu) Konsulat – untersagen (=Passiv) – Wartende (Pl.)
4) *Unbekannter* – rauben – Brieftasche – Tourist
5) *schwierig, Arbeiten* – anvertrauen (Passiv) – Praktikant
6) *Herr Huber* – verheimlichen – wahr, Sachverhalt – Chef
7) *Firma* – gewähren – Zahlungsaufschub – Schuldner
8) *Kommission* – vorlegen – ausführlich, Bericht – Parlament
9) *man* – (19 Uhr) melden – Unfall – Direktor
10) *Gericht* – erlassen – Hälfte (Strafe) – Verurteilter
11) *Einsicht, (in) Akten* – verweigern (Passiv) – Journalist
12) *man* – gönnen – längere, Ruhepause – Krankenschwester
13) *alt, Römer (Pl.)* – opfern – Tiere – Götter
14) *Witwe* – stiften – Teil (Vermögen) – Rotes Kreuz
15) *Komponist* – widmen – Symphonie – Frau
16) *sie* – entreißen – Brief – Rivalin
17) *niemand* – zutrauen – Lüge – Mädchen
18) *Führerschein* – entziehen (Passiv) – betrunken, Fahrer
19) *man* – können zumuten – laut, Zimmer – kein, Gast
20) *Onkel* – ermöglichen – Studium – Neffe

1) ______________________________
2) ______________________________
3) ______________________________
4) ______________________________
5) ______________________________
6) ______________________________
7) ______________________________
8) ______________________________
9) ______________________________
10) ______________________________
11) ______________________________
12) ______________________________
13) ______________________________
14) ______________________________
15) ______________________________
16) ______________________________
17) ______________________________
18) ______________________________
19) ______________________________
20) ______________________________

# 7–11 Verben mit Präpositionalobjekt

## 7

Bei den folgenden Sätzen sind Verb und Objekt mit einer Präposition zu verbinden. Verwenden Sie das Präteritum.

1) *Gast* – auffallen – amerikanisch, Akzent
2) *Kosten* – sich verringern – durchschnittlich 3%
3) *Arbeitsloser* – träumen – hoch, Lottogewinn
4) *Armin* – sich unterscheiden – Brüder – Schweigsamkeit
5) *Berufstätige (Pl.)* – protestieren – Erhöhung (Fahrpreise)
6) *Fachleute* – schätzen – Bild – 400.000 DM
7) *blau, Karte* – berechtigen – Besuch (Ausstellung)
8) *Herr Walter* – handeln – gebraucht, Autos
9) *Frau Fink* – überzeugen – Kollege – Vorteile (Reise)
10) *Sohn (Fabrikant)* – verfügen – gewaltig, Vermögen
11) *klein, Theater* – angewiesen sein – staatlich, Hilfe
12) *nichts* – dürfen ändern (Passiv) – Programm
13) *Tourist* – sich hüten – politisch, Gespräche
14) *Gefühle (jung, Mann)* – siegen – Vernunft
15) *Student* – sich informieren – neu, Prüfungsbestimmungen
16) *Rechtsanwalt* – sich begnügen – Drittel (Honorar)
17) *Wagen* – zusammenstoßen – voll besetzt, Straßenbahn
18) *Soldaten* – fliehen – Übermacht (Feind)
19) *alt, Frau* – müssen leben – gering, Rente
20) *Fachleute* – gelangen – anders, Ansicht

1) ______
2) ______
3) ______
4) ______
5) ______
6) ______
7) ______
8) ______
9) ______
10) ______
11) ______
12) ______
13) ______
14) ______
15) ______
16) ______
17) ______
18) ______
19) ______
20) ______

→→ 105

## 8 Verben mit Präpositionalobjekt

1) *Buslinie* – verbinden – Stadt – umliegend, Dörfer
2) *Kritiker* – bezeichnen – Pianist – Genie
3) *Partisanen* – kämpfen – Befreiung (Heimat)
4) *Firma* – werben – französisch, Parfüm – (in) Prospekt
5) *Kunde* – vertrauen – langjährig, Erfahrung (Produzent)
6) *Helfer (Pl.)* – verteilen – Decken – Opfer (Pl.) (Erdbeben)
7) *Gefangener* – sich ernähren – trocken, Brot + Wasser
8) *Idealist* – werden – Realist
9) *es* – fehlen – warm, Kleidung + Medikamente
10) *Journalist* – arbeiten – länger, Artikel, Kinderfilme
11) *Arzt* – abraten – Patient – fett, Essen
12) *Eltern* – erziehen – Kind – Toleranz
13) *Lokal* – (rasch) sich entwickeln – Treffpunkt (Stadt)
14) *klein, Junge* – zerlegen – Lampe – Einzelteile
15) *Polizei* – auffordern – Demonstranten – Räumung (Platz)
16) *Bestimmung* – gelten (/) – ausländisch, Arbeitnehmer (Pl.)
17) *Macht (Regierung)* – sich beschränken – südlich, Provinzen
18) *Film* – handeln – Schicksal (jung, Russe)
19) *Hausherr* – hindern – Fremde – Betreten (Wohnung)
20) *Künstler* – stammen – deutsch-norwegisch, Familie
21) *Erfinder* – zu kämpfen haben – zahllos, Schwierigkeiten

1) ______________________________
2) ______________________________
3) ______________________________
4) ______________________________
5) ______________________________
6) ______________________________
7) ______________________________
8) ______________________________
9) ______________________________
10) ______________________________
11) ______________________________
12) ______________________________
13) ______________________________
14) ______________________________
15) ______________________________
16) ______________________________
17) ______________________________
18) ______________________________
19) ______________________________
20) ______________________________
21) ______________________________

## 9 Verben mit Präpositionalobjekt

1) *Jugendliche (Pl.)* – aufklären (Passiv) – Gefahren (Rauchen)
2) *Chemiker* – reinigen – Behälter – Ölreste
3) *Junge* – verheimlichen – Brief – Mutter
4) *Hund* – sich vertragen(/) – klein, Katze
5) *Flüchtlinge* – müssen, sich abfinden – Schicksal
6) *Lieferwagen (Helmut)* – sich eignen – klein, Transporte
7) *viel, Abenteurer* – graben – Gold – Australien
8) *Mehrzahl (Anwesende)* – stimmen – Auflösung (Verein)
9) *Händler* – benutzen – Garage – Verkaufsraum
10) *Kunde* – überweisen – DM 180.– – Konto (Verlag)
11) *Salz* – (rasch) sich auflösen – heiß, Wasser
12) *Minister* – abweichen – vorbereitet, Text
13) *Fahrzeug* – abkommen – vereist, Straße
14) *mehrere, Teilnehmer* – verstoßen – Regeln
15) *es* – mangeln – Lehrling – Selbstvertrauen
16) *Frau Schröder* – vereinbaren – Termin, 20.7. – Zahnarzt
17) *Finder* – belohnen (Passiv) – Ehrlichkeit
18) *ganz, Familie* – trauern – entlaufen, Katze
19) *Regenfälle (vergangen, Tage)* – führen – Überschwemmungen
20) *beide, Vereine* – kämpfen – Pokalsieg
21) *Archäologen* – stoßen – Reste (alt, Kultur)

1) ______________________________
2) ______________________________
3) ______________________________
4) ______________________________
5) ______________________________
6) ______________________________
7) ______________________________
8) ______________________________
9) ______________________________
10) ______________________________
11) ______________________________
12) ______________________________
13) ______________________________
14) ______________________________
15) ______________________________
16) ______________________________
17) ______________________________
18) ______________________________
19) ______________________________
20) ______________________________
21) ______________________________

## 10 Verben mit Präpositionalobjekt ✖

1) *Flüchtling* – sich verbergen – Verfolger (Pl.) – Baum
2) *Autofahrer* – sich sträuben – Blutprobe
3) *Richter* – sich stützen – Aussage (Zeuge)
4) *jung, Frau* – neigen – Verschwendung
5) *Touristen* – schwärmen – Urlaub, Sizilien
6) *alle(/)* – sich halten – vereinbaren, Termine
7) *Römisches Reich* – grenzen – Gebiete (Germanen) – Norden
8) *es* – sich handeln – (bei) Toter – ca. 40jährig, Mann
9) *niemand* – können abbringen – Michael – verrückt, Plan
10) *Kanzler* – sich wehren – Angriffe (Opposition)
11) *Wirkung (Medikament)* – beruhen – hoch, Jodgehalt
12) *Forscher (Pl.)* – müssen auskommen – gering, Mittel (Pl.)
13) *Herr Moser* – sich einsetzen – Projekt – Bürgermeister
14) *Firmenchef* – jammern – schlecht, Geschäfte
15) *niemand* – wollen haften – entstehen, Schaden
16) *Redner* – (ausführlich) eingehen – Innenpolitik
17) worum(?) – *es* – gehen – gestrig, Vortrag
18) *Pläne (Pädagoge)* – scheitern – Unverständnis (Umgebung)
19) *Unternehmer* – streben – geschäftlich, Erfolg
20) *Reiseleiter* – einteilen – Touristen – drei, Gruppen
21) *Abgeordneter* – ernennen (Passiv) – Regierungssprecher

1) ____________________
2) ____________________
3) ____________________
4) ____________________
5) ____________________
6) ____________________
7) ____________________
8) ____________________
9) ____________________
10) ____________________
11) ____________________
12) ____________________
13) ____________________
14) ____________________
15) ____________________
16) ____________________
17) ____________________
18) ____________________
19) ____________________
20) ____________________
21) ____________________

## 11 *Kästchenrätsel (Verben mit Präpositionalobjekt)*

In jedem Satz ist eine Präposition zu ergänzen und in die Kästchen einzutragen. Die Buchstaben in den umrandeten Feldern ergeben, von unten nach oben gelesen, ein deutsches Sprichwort. (Ü = UE)

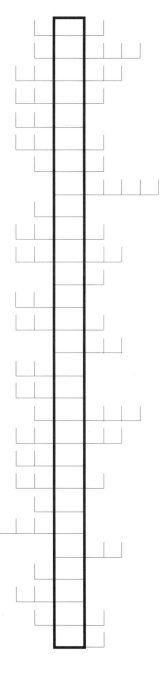

1) Elefanten bezeichnet man im Deutschen auch ● Dickhäuter.
2) Die Firma verstieß ● den Vertrag.
3) Der Diplomat protestierte ● seine Verhaftung.
4) Viele setzten sich ● den Entlassenen ein.
5) Nicht alle Katzen fliehen ● Hunden.
6) Manche meinen, Gesetze gelten nur ● andere.
7) Willst du dich ● den paar Mark begnügen?
8) Versuche nicht, ● dein Wissen aufzufallen!
9) Es fehlt euch nur ● gutem Willen.
10) ● die Gerechtigkeit lohnt es sich zu kämpfen.
11) Wehre dich ● diese Benachteiligung!
12) Wir müssen das Gerät ● Einzelteile zerlegen.
13) Sein halbes Leben handelt er schon ● Edelsteinen.
14) Im Fernsehen darf man nicht ● Alkohol werben.
15) Vertrauen Sie ruhig ● Ihre Fähigkeiten!
16) Er mußte sich ● einem Stehplatz begnügen.
17) ● Labor benutzten sie eine alte Garage.
18) Sie verfügt ● reiche Unterrichtserfahrung.
19) Die Marktfrauen jammerten ● das Regenwetter.
20) Überzeugen Sie sich ● der Qualität der Ware!
21) Diese Methode eignet sich nur ● Anfängerkurse.
22) Trauern Sie nicht ● Verlorenes!
23) Vergeblich gruben sie ● dem versteckten Schatz.
24) Obdachlose sind ● die Fürsorge angewiesen.
25) Willst du ● dem Brief noch etwas ändern?
26) Viele religiöse Gemälde stammen ● Klöstern.
27) Sind Sie ● Empfang des Geldes berechtigt?
28) Niemand hinderte uns ● der Weiterfahrt.

**Lösung:** ______________________________

# 12/13 Aktiv und Passiv

## 12

Formen Sie die folgenden Sätze jeweils ins Aktiv oder ins Passiv um.

1) Hoffentlich hat man kein Geld verschwendet.
2) Wann schleppt man den defekten Lkw ab?
3) Der Assistent wird von einem Studenten vertreten.
4) Den Rest erledigen wir○ morgen.
5) Du wirst sicher danach gefragt werden.
6) Möchten Sie, daß○ ich Sie morgen früh wecke?
7) Ihm verzeiht man gern.
8) Es wurde getanzt, gesungen und gelacht.
9) Schlangen greifen Menschen nur selten an.
10) Die Sendung wurde sofort unterbrochen.
11) Er sollte einmal von einem Facharzt untersucht werden.
12) Zum Glück traf ihn die Kugel nicht.
13) Von den Akten wurde die Hälfte weggeworfen.
14) Zunächst wusch man den Metallstaub ab.
15) Dort erzieht man Kinder früh zur Selbständigkeit.
16) Der Brand hatte gerade noch verhindert werden können.
17) Man will die häßliche Fassade erneuern.
18) Das Betriebsklima könnte man wesentlich verbessern.
19) Man muß die Pakete unbedingt nachwiegen.
20) Man müßte so einen Plan gut durchdenken.
21) Um wieviel Uhr melkt der Bauer○ die Kühe?

1) ______________________________
2) ______________________________
3) ______________________________
4) ______________________________
5) ______________________________
6) ______________________________
7) ______________________________
8) ______________________________
9) ______________________________
10) ______________________________
11) ______________________________
12) ______________________________
13) ______________________________
14) ______________________________
15) ______________________________
16) ______________________________
17) ______________________________
18) ______________________________
19) ______________________________
20) ______________________________
21) ______________________________

→ → 39, 44, 45, 62

# 13 Aktiv und Passiv

Formen Sie den Nebensatz so um, daß ein Infinitiv mit Passiv entsteht.

**Beispiele:** Sie hat keine Lust, daß man sie ausfragt. – ..., *ausgefragt zu werden.*
Er behauptet, daß man ihn einlud. – ..., *eingeladen worden zu sein.*

1) Er befürchtet, daß ihn die meisten nicht verstehen.
2) Sie hatte nur den einen Wunsch, daß er sie beachtete.
3) Gudrun kam am Tor an, ohne daß sie jemand○ erkannt hatte.
4) Er hatte den Verdacht, daß man ihn belogen hatte.
5) Sie drängte sich vor, damit man sie als erste bediente.
6) Vor Gericht gab er an, seine Frau habe ihn verlassen.
7) Bärbel bestand darauf, daß sie der Beamte informierte.
8) Manche bedauern, daß man sie nicht berücksichtigte.
9) Es war nicht nötig○, daß man die Kinder lange bat. *(brauchen)*
10) Sie sehnt sich danach, daß man sie in Ruhe läßt.
11) Es ist unmöglich, daß sie einen nicht bemerkt.
12) Er erwartete, daß ihn seine Freunde unterstützten.
13) Es ist eine Ehre, wenn einen der Präsident einlädt.
14) Sie behauptet, daß man sie schlug.
15) Haben Sie das Gefühl, daß die anderen Sie ausschließen?
16) Der Angeklagte hat das Recht, daß man ihn anhört.
17) Sie hat Angst, daß Geister sie erschrecken könnten○.
18) Herr Holl bemühte sich, daß man ihn in den Klub aufnahm.
19) Er ärgerte sich, daß man ihn übergangen hatte.
20) Es ist lebensgefährlich, wenn einen diese Schlange beißt.

1) ______________________________
2) ______________________________
3) ______________________________
4) ______________________________
5) ______________________________
6) ______________________________
7) ______________________________
8) ______________________________
9) ______________________________
10) ______________________________
11) ______________________________
12) ______________________________
13) ______________________________
14) ______________________________
15) ______________________________
16) ______________________________
17) ______________________________
18) ______________________________
19) ______________________________
20) ______________________________

## 14 Das Partizip

In den folgenden sechs Übungen haben Sie die Möglichkeit, alle Formen von Partizip und Gerundiv zu wiederholen. Formen Sie jeweils die Relativsätze um. Wenn Sie die Übung wiederholen, können Sie die in Klammern angegebenen weiteren Subjekte verwenden.

**1)** der Bus, der langsam vorbeifuhr,
der an jeder Ecke hält,
den mein Schwager repariert hat,
der heute morgen ausfiel,
den ein neuartiger Motor antreibt,
der vor fünf Minuten ankam,
der mit neuen Bremsen ausgerüstet ist,
der demnächst ausgewechselt werden muß,

(weitere Subjekte: Straßenbahn, Fahrzeug; auch die Pluralformen)

der ______________________________ Bus
______________________________ Bus
______________________________ Bus
______________________________ Bus
______________________________ Bus
______________________________ Bus
______________________________ Bus
______________________________ Bus

**2)** die Katze, die auf einem Ast saß,
die ihrer Besitzerin entlaufen ist,
die in den Keller läuft,
die man gestern einfing,
die ein Lkw überfuhr,
die mein Neffe ins Tierheim gebracht hat,
die alle Leute bewundern,
die lautlos aus dem Zimmer schlich,

(weitere Subjekte: Kater, Kätzchen; auch die Pluralformen)

die ______________________________ Katze
______________________________ Katze
______________________________ Katze
______________________________ Katze
______________________________ Katze
______________________________ Katze
______________________________ Katze
______________________________ Katze

**3)** das Haus, das man zum Abriß bestimmt hat,
das man besichtigen muß,
das Touristen immer wieder bestaunen,
das die Kinder erraten müssen,
das neu zu errichten ist,
das aus dem 16. Jahrhundert stammt,
das vom Zentrum aus nicht gesehen werden kann,
das eine Berliner Firma umgebaut hat,
das der Finne fotografierte,

(weitere Subjekte: Brücke, Turm; auch die Pluralformen)

das ______________________________ Haus
______________________________ Haus
______________________________ Haus
______________________________ Haus
______________________________ Haus
______________________________ Haus
______________________________ Haus
______________________________ Haus
______________________________ Haus

**4)** die Studentin, die die Professoren sehr schätzen,
die in der Bibliothek arbeitet,
die man als Hilfskraft einsetzen kann,
die man gestern in das Seminar aufnahm,
die neulich aus dem Kurs ausschied,
die als nächste geprüft werden muß,
die der Dozent empfahl,

(weitere Subjekte: Student; auch die Pluralformen)

die ______________________________ Studentin
______________________________ Studentin
______________________________ Studentin
______________________________ Studentin
______________________________ Studentin
______________________________ Studentin
______________________________ Studentin

**5)** der Artikel, den der Verfasser úmschrieb,
der vergangene Woche erschien,
der sich hier zitieren läßt,
den man leicht übersetzen kann,
der in Kürze erscheint,
den mehrere Wissenschaftler kritisierten,
den ein Assistent ankündigte,
der besprochen werden muß,
den ein Psychologe veröffentlichte,

(weitere Subjekte: Dissertation, Fachbuch; auch die Pluralformen)

der ______________________________ Artikel
______________________________ Artikel
______________________________ Artikel
______________________________ Artikel
______________________________ Artikel
______________________________ Artikel
______________________________ Artikel
______________________________ Artikel
______________________________ Artikel

**6)** der Apparat, den man gestern ins Fahrzeug einbaute,
der bis Montag störungsfrei funktionierte,
den der Mechaniker überholen* muß,
den ein Chinese entwickelte,
der bei dem Unfall schwer beschädigt wurde,
der ans Stromnetz angeschlossen werden muß,
der sich leicht zerlegen läßt,

(weitere Subjekte: Maschine, Gerät; auch die Pluralformen)

der ______________________________ Apparat
______________________________ Apparat
______________________________ Apparat
______________________________ Apparat
______________________________ Apparat
______________________________ Apparat
______________________________ Apparat

* überholen = hier: auf Fehler prüfen, erneuern, reparieren

## 15 Umformung von Nebensätzen in Partizipialsätze

Beachten Sie: Hat der kursiv gedruckte Nebensatz aktivische Bedeutung, so verwenden Sie das Partizip Präsens; läßt sich dagegen aus dem Nebensatz eine Passivkonstruktion (Vorgangs- oder Zustandspassiv) bilden, so steht das Partizip Perfekt. Beginnen Sie die Sätze jeweils mit dem partizipialen Ausdruck.

**Beispiele:** Sie näherte sich dem Fenster, *indem sie sich auf Zehenspitzen bewegte.*
*Sich auf Zehenspitzen bewegend,* näherte sie sich dem Fenster.
*Nachdem man ihn von seiner Last befreit hatte,* ging er schneller.
*Von seiner schweren Last befreit,* ging er schneller.

1) *Als man Markus nach seinen Gehaltswünschen fragte,* nannte er eine bescheidene Summe.
2) Der Redner brachte seinen Vortrag zu Ende, *wobei er ständig von Zwischenrufen unterbrochen wurde.*
3) Er entfernte sich von der Schlange, *indem er vorsichtig rückwärts ging.*
4) *Wenn man von kleineren Störfällen absieht,* arbeitet die Maschine normal.
5) Sie versuchte, die Socke anzuziehen, *während sie auf einem Bein stand.*
6) *Als man ihn auf seine politischen Kontakte ansprach,* gab er eine ausweichende Antwort.
7) Er wählte die Nummer des Chefs, *wobei er vor Wut zitterte.*
8) *Sieht man es so,* waren die Reformen wirklich nötig.
9) Sie ließ das Glas fallen, *weil der Anblick des Unbekannten sie erschreckte.*
10) *Wenn man es genau nimmt,* ist der Auftrag nicht erledigt.
11) *Da er in einer Musikerfamilie aufgewachsen war,* beherrschte der Zwanzigjährige mehrere Instrumente.
12) *Da ihn Zweifel plagten,* wiederholte er seine Frage.
13) Er trat an das Rednerpult, *wobei er mühsam nach Worten suchte.*
14) *Wenn man ihn in Zahlen ausdrückt,* wird der Erfolg klar.

1) ____________________
2) ____________________
3) ____________________
4) ____________________
5) ____________________
6) ____________________
7) ____________________
8) ____________________
9) ____________________
10) ____________________
11) ____________________
12) ____________________
13) ____________________
14) ____________________

# 16–19 Konjunktiv II

## 16

Bildden Sie konjunktivische Hauptsätze. Verwenden Sie dabei Pronomen (*er, sie, es* usw.) und Pronominaladverbien (*darum, darüber* usw.).

| **Beispiele:** | Kurt ißt diese alte Wurst. | *Ich würde sie nicht essen.* |
|---|---|---|
| | Sie verzichtete auf Geld. | *Ich hätte nicht / auch darauf verzichtet.* |

1) Sie kommt mit dem Geld aus.
2) Er verzieh dem Mann die Frechheit.
3) Er lud die Möbel noch am Freitag aus. *(Samstag)*
4) Er ritt ein ihm unbekanntes Pferd.
5) Er brachte ihr keine Blumen mit.
6) Er stellt die Räume nur am Mittwoch zur Verfügung. *(andere Tage)*
7) Sie flog erst am nächsten Morgen.
8) Sie sprang in das kalte Wasser○.
9) Er vertrieb die fremde Katze.
10) Sie stach sich an der Nadel.
11) Er riß das alte Haus ab.
12) Er riet ihr zu einem Prozeß.
13) Er widerrief seine Zusage.
14) Er blieb bis Mitternacht. *(bald verschwinden)*
15) Sie bat ihn um ein Treffen.
16) Sie empfahl allen○ den Film.
17) Sie will diesen Kerl noch einmal anrufen.
18) Sie wußte keinen Ausweg.
19) Er zwang sich zur Arbeit.
20) Franz bewarb sich bei Fa. Wenzel & Co. *(andere Firma)*
21) Sie zog sich noch einmal um.
22) Sie versprach dem Mann alles.

1) ______________________________
2) ______________________________
3) ______________________________
4) ______________________________
5) ______________________________
6) ______________________________
7) ______________________________
8) ______________________________
9) ______________________________
10) ______________________________
11) ______________________________
12) ______________________________
13) ______________________________
14) ______________________________
15) ______________________________
16) ______________________________
17) ______________________________
18) ______________________________
19) ______________________________
20) ______________________________
21) ______________________________
22) ______________________________

→ → 63, 70

## 17 *Irreale Bedingungssätze*

Drücken Sie in den folgenden Sätzen aus, was gewesen wäre, wenn ... .

**Beispiel:** Sie blieb nicht, und so konnten wir sie nicht fragen.
*Wenn sie geblieben wäre, hätten wir sie fragen können.*

1) Die Diskussion war langweilig, da Herr Schütz nicht dabei war. *(kommen können / interessanter)*
2) Ich änderte an dem Bericht nichts mehr, denn er wollte es nicht. *(er, bestehen auf / ich, umschreiben)*
3) Die Kranke war noch sehr schwach und konnte sich kaum auf den Beinen halten. *(stützen / hinfallen)*
4) Er lieh Ralf kein Geld, denn er hatte selbst keins.
5) Das Kind war überglücklich, daß jemand mitging. *(traurig / allein)*
6) Sie trödelte so sehr, daß ihr der Bus vor der Nase wegfuhr. *(sich beeilen / erreichen)*
7) Es kam nur zu einem Gespräch , weil sie sich zufällig auf der Straße○ begegneten.
8) Er vergrub die Beute im Wald; nur deshalb blieb sie unentdeckt. *(finden, Passiv)*
9) Wir wußten nichts von dem Stau und fuhren einfach in die Ortschaft hinein. *(umfahren)*
10) Der Bergsteiger wurde gerettet, weil man ihn rufen hörte.

1) ______________________________

______________________________

2) ______________________________

______________________________

3) ______________________________

______________________________

4) ______________________________

______________________________

5) ______________________________

______________________________

6) ______________________________

______________________________

7) ______________________________

______________________________

8) ______________________________

______________________________

9) ______________________________

______________________________

10) ______________________________

______________________________

→→ 69, 70

## 18 Irreale Wunschsätze

Leider ist die Welt oft anders, als man sie sich wünscht. Drücken Sie bei den folgenden Sätzen (unerfüllbare) Wünsche aus, z.B. *Wenn die Welt nur (doch, bloß) besser wäre!* (oder: *Wäre die Welt nur (doch, bloß) besser!*). Wünsche dieser Art sind auch für die Vergangenheit möglich, z.B. *Hätte sich die Menschheit nur gebessert!* (oder: *Wenn sich die Menschheit nur gebessert hätte!*) Verwenden Sie in Ihren Wunschsätzen Pronomen.

1) Alles blieb beim alten. *(etwas, sich ändern)*
2) Die Stadt verbot die Kundgebung. *(erlauben)*
3) Leider erinnerte sich Andrea an den Vorfall. *(vergessen)*
4) Annette blieb ledig. *(heiraten)*
5) Schade, daß er nicht Vorsitzender○ wurde. *(wählen)*
6) Jetzt tat es ihm leid, daß er mit dem Kind○ so streng gewesen war. *(nachsichtig)*
7) Die Wartezeit vergeht viel zu langsam. *(zu Ende sein)*
8) Sie hat das ganze Geld verschwendet. *(sparen)*
9) Ich schaffe es nie, sie○ zu überraschen○. *(gelingen)*
10) Sie wollte diesen Schmuck unbedingt haben. *(verzichten)*
11) Um des lieben Friedens willen unterschrieb auch sie. *(sich weigern)*
12) Leider wurde er Arzt. *(Apotheker)*
13) Die Gebühren blieben unverändert hoch. *(senken)*
14) Ali Baba hatte das Wort vergessen. *(einfallen)*
15) Diese Leute hören einfach nicht auf meine Argumente○. *(sich überzeugen lassen)*
16) Corinna kam nicht zu der Feier○. *(einladen, Passiv)*
17) Als der Zug in Ulm○ hielt, blieb der Mann sitzen. *(aussteigen)*

1) ______________________________
2) ______________________________
3) ______________________________
4) ______________________________
5) ______________________________
6) ______________________________
7) ______________________________
8) ______________________________
9) ______________________________
10) ______________________________
11) ______________________________
12) ______________________________
13) ______________________________
14) ______________________________
15) ______________________________
16) ______________________________
17) ______________________________

# 19 Irreale Vergleichssätze

Drücken Sie in den folgenden Sätzen Vergleiche aus. Das, was sich ereignet, erinnert an etwas anderes.

**Beispiel:** Man verehrte diesen Menschen wie einen Gott.
Man verehrte diesen Menschen, *als wäre er ein Gott.*

1) Fühlen Sie sich wie zu Hause!
2) Hannes saß da wie ein frisch gewählter Präsident. *(wählen, Aktiv)*
3) Machte er nicht den Eindruck eines Diebes? *(stehlen)*
4) Es ging zu wie auf einer Hochzeit. *(feiern)*
5) Er schrieb ihr Briefe wie ein Verliebter.
6) Wir begrüßten uns wie alte Bekannte. *(kennen)*
7) Er trat auf wie der Hausbesitzer persönlich. *(gehören)*
8) Rüdiger sieht nicht wie ein Sportler aus. *(Sport)*
9) Der Verlierer des Wettkampfes strahlte wie der Sieger. *(gewinnen)*
10) Man meidet ihn wie einen Verbrecher. *(Verbrechen)*
11) Es sah aus wie nach einer Gasexplosion. *(Gas)*
12) Sie lag da wie bewußtlos. *(Bewußtsein)*
13) Der Roman kommt mir vor wie ein Plagiat. *(abschreiben, Passiv)*
14) Sie behandelte Rudi wie eine Ehefrau. *(verheiratet)*
15) Er rannte an uns vorbei wie ein Flüchtling. *(Gefängnis)*
16) Es sieht nicht nach Regen aus.
17) Die Stadt wirkte unbewohnt. *(Es schien ...; ausgestorben)*
18) Sie fühlte sich wie nach einer Operation. *(Passiv)*
19) Tu nicht so, als wäre Geld für dich unwichtig! *(Rolle)*

1) ______________________________
2) ______________________________
3) ______________________________
4) ______________________________
5) ______________________________
6) ______________________________
7) ______________________________
8) ______________________________
9) ______________________________
10) ______________________________
11) ______________________________
12) ______________________________
13) ______________________________
14) ______________________________
15) ______________________________
16) ______________________________
17) ______________________________
18) ______________________________
19) ______________________________

## *20–25 Indirekte Rede: Sechs Fabeln*

Formen Sie die folgenden Fabeln und Geschichten in die indirekte Rede um. Beginnen Sie die Umformung mit Ausdrücken wie *Es wird erzählt, …* oder *In alten Büchern liest man, … .*

### *20 Der Wolf und der Wachhund (nach Äsop)*

Hund und Wolf begegneten sich einst auf einer Wiese. Der Wolf bewunderte das glatte, schöne Fell des Hundes und bat ihn: „Erzähle mir doch, warum du so gut gepflegt aussiehst!" Der Hund antwortete: „Ich beschütze Haus und Hof vor Dieben. Dafür gibt mir mein Herr gute Speisen." Da mußte der Wolf an sein eigenes schweres Leben denken und fragte den Hund: „Kann ich mit dir gehen und dein Gehilfe werden?" Der Hund war einverstanden und lud den Wolf ein, mit ihm zu kommen. Während sie nebeneinander hergingen, bemerkte der Wolf, daß das Fell am Hals des Hundes ganz abgeschabt war. Auf die Frage des Wolfes erwiderte der Hund: „Am Tag muß ich ein Halsband tragen und bin an einer Kette angebunden." Da wurde dem Wolf klar, daß das Leben des Hundes ewige Gefangenschaft bedeutete. Voller Stolz rief er aus: „Lieber will ich verhungern als meine Freiheit aufgeben." Rasch drehte er sich um und lief zum Wald zurück.

### *21 Der Fuchs und die Trauben (nach La Fontaine)*

Einmal ging der Fuchs spazieren und sah in einem Garten die schönsten Trauben hängen. Er bekam Appetit auf die Früchte und schlich hin, um sich welche zu holen. Aber die Trauben hingen zu hoch, und er konnte sie nicht erreichen. Da wurde der Fuchs ärgerlich und rief: „Die Trauben sind sauer und unreif und schmecken mir nicht! Ich möchte sie gar nicht essen." Mit diesen Worten verließ er den Garten.

### *22 Der alte Löwe (nach Äsop)*

Der Löwe war alt und konnte nicht mehr auf die Jagd gehen. Da sagte er zu den Tieren: „Kommt zu mir und besucht euren kranken König!" Viele folgten der Einladung und betraten die Höhle des Löwen. Nachdem sie ihr Mitleid ausgedrückt hatten, wurden sie von ihm aufgefressen. Eines Tages erblickte der Löwe auch die Füchse. Sie näherten sich zwar der Höhle, blieben dann aber in einiger Entfernung stehen. Der Löwe fragte sie: „Möchtet ihr nicht auch zu mir hereinkommen? Ihr wißt ja, wie krank ich bin." Doch die schlauen Füchse antworteten: „Wir sehen viele Fußspuren, die zu dir hineinführen, aber keine einzige, die wieder herauskommt."

### *23 Der Esel in der Löwenhaut*

Einst diente ein Löwe einem Bauern. Er hütete das Vieh und bewachte das Haus. Eines Tages starb der Löwe. Der Bauer war verzweifelt, denn er konnte das treue Tier nicht ersetzen. Da kam ihm eine Idee. Er befahl seinen Knechten: „Häutet den Löwen und zieht das Fell dem Esel an! Morgen wird der Esel das Amt des Löwen übernehmen." Nun zog der Esel aufs Feld und hütete das Vieh. Wenn ihn die wilden Tiere sahen, flüchteten sie rasch in den Wald. Langsam vergaß er seinen Auftrag und wurde immer fauler. Einmal kam der Fuchs vorbei und beobachtete den angeblichen Löwen. Aufgeregt lief er zum Wolf und zum Bären und fragte sie: „Seht ihr denn nicht, daß der Löwe Gras frißt und lange Ohren hat?" Da erkannten die betrogenen Tiere ihre Blindheit und schworen Rache. Nachts schlich der Wolf auf die Weide und verschlang den falschen Löwen.

## 24 Warum das Schwein weinte (nach Krylow)

Einst lebte auf einem Bauernhof ein Schwein. Es war sehr unglücklich, denn es mußte ständig hören, wie sich die Menschen mit seinem Namen beschimpften. So sagte die Magd oft zum Knecht: „Du hast mich belogen, du bist ein Schwein!" Täglich ärgerte sich die Bäuerin über die Magd und sagte: „Geh in die Küche und räume dort auf! Es ist eine Schweinerei!" Das Schwein wurde immer unglücklicher und begann schließlich zu weinen. Als der kleine Esel seinen Freund weinen sah, ging er zu ihm und fragte ihn: „Tut dir etwas weh?" Da erzählte das arme Schwein dem Esel alles. Dieser hörte mitfühlend zu und antwortete: „An deiner Stelle würde ich auch weinen. Es ist wirklich eine Schweinerei."

## 25 Der Falke und der Hahn (nach Tolstoj)

Ein Herr besaß einmal einen Falken. Das Tier flog zu ihm, wenn er es rief, und saß gern auf seinem Arm. Auf dem Hof lebte auch ein Hahn. Der Falke konnte beobachten, daß der Hahn immer flüchtete, sobald sich der Herr näherte. Da sagte der Falke zum Hahn: „Den Hühnern fehlt es an Dankbarkeit. Sie sind ein Volk von Sklaven. Falken können niemals von Menschen eingefangen werden, doch sie fliehen nicht. Sie kommen aus eigenem freien Willen. Kein Falke vergißt, daß er vom Menschen ernährt wird." Der Hahn antwortete: „Die Falken fliehen nur deswegen nicht, weil sie noch nie einen gebratenen Falken gesehen haben."

## 26–28 Adjektivdeklination

### 26

In der folgenden Übung finden Sie zwei Spalten mit Pronomen, Adjektiven und Nomen. Suchen Sie zu den Subjekten (linke Spalte) ein passendes Objekt (rechte Spalte), verbinden Sie sie mit einem selbstgewählten Verb, und bilden Sie Phantasiesätze. Verwenden Sie nach Möglichkeit transitive Verben, d.h. das Objekt sollte im Akkusativ stehen.

**Beispiel:** drei, dick, Gänse — verfallen, französisch, Burgen
Drei dicke Gänse besichtigten / zeichneten / bewohnten verfallene französische Burgen.

| | |
|---|---|
| 1) welch-, jung, Angestellt- | dies-, weiß-blau, Fahnen |
| 2) all-, deutsch, Bauern | kein, schlecht, Ergebnisse |
| 3) euer, klein, Junge | solch-, hart, Nüsse |
| 4) wessen, wild, Hasen | irgendwelch-, hoch, Bäume |
| 5) jen-, älter, Damen | unzählig-, alt, Uhren |
| 6) zwei, gefangen, Löwen | ziemlich, alt, Schuhe |
| 7) ein paar, städtisch, Beamt- | unser, viel, Arbeiten |
| 8) ihr, lieb, alt, Freund- | dieselb-, italienisch, Weine |
| 9) sämtlich-, groß, Tiere | mancherlei, schwierig, Namen |
| 10) nur wenig, stark, Männer | zahlreich, leer, Flaschen |
| 11) mein, viel, Kinder | einige, schwer, Kisten |
| 12) Antons erst-, weit, Sprung | sein / ihr, nah, Verwandten (Pl.) |
| 13) viel, ehemalig, Offiziere | manch-, wertvoll, Alben |
| 14) folgend-, wichtig, Paragraph | bestimmt-, afrikanisch, Tierarten |
| 15) besonders, unhöflich, Leute | ander-, wirksam, Methoden |
| 16) zahllos, neugierig, Mädchen | etwas, völlig, Unglaublich- |
| 17) beide, russisch, Zaren | allerlei, verboten, Lesestoff |

1) ______________________________
2) ______________________________
3) ______________________________
4) ______________________________
5) ______________________________
6) ______________________________
7) ______________________________
8) ______________________________
9) ______________________________
10) ______________________________
11) ______________________________
12) ______________________________
13) ______________________________
14) ______________________________
15) ______________________________
16) ______________________________
17) ______________________________

# 27 Adjektivdeklination

Den numerierten Hauptsätzen sind die daneben stehenden Appositionen zuzuordnen. Welche davon Sie jeweils wählen, ist Ihnen überlassen. Den Personen können Sie Namen Ihrer Wahl geben.

**Beispiel:** Die Party wurde von <Name> veranstaltet. — ein Modeschöpfer aus München

Die Party wurde von A. Schickimicki, *einem Modeschöpfer aus München,* veranstaltet.

1) Tag und Nacht träumte er / sie von <Name>.
2) Der Kanzler gratulierte <Name> zum Geburtstag.
3) Unter dem Tisch entdeckte man <Name>.
4) Das Konzert fand in Anwesenheit von <Name> statt.
5) Der erste Preis wurde <Name> verliehen.
6) Als erste(n) fing man <Name>.
7) Plötzlich betrat <Name> die Tanzfläche.
8) Am lautesten schrie <Name>.
9) In einer Feierstunde gedachte* man <Name>.

- ein aus dem Zoo entlaufener/-e Löwe/-in
- der / die Vorsitzende des Vereins „Freunde der Magie“
- der / die bekannte Komponist/-in von „Warum liebst du mich trotzdem?“
- ein wegen Trunksucht entlassener Soldat
- ein/-e verkrachter/-e* Medizinstudent/-in
- ein weltweit gesuchter Heiratsschwindler
- der Vater / die Mutter des Kindes
- eine Blondine aus Köln
- der Entdecker des „Psycho-Effekts“

1) ______________________________

2) ______________________________

3) ______________________________

4) ______________________________

5) ______________________________

6) ______________________________

7) ______________________________

8) ______________________________

9) ______________________________

* gedenken (+Genitiv) = sich an jemand (anerkennend) erinnern
verkracht = erfolglos, gescheitert

## 28 Die Heimkehr (Text zur Adjektivdeklination)

Die folgende Erzählung wurde von einem Studenten verfaßt, der mit der Deklination von Artikeln und Adjektiven große Probleme hat und deshalb die Endungen einfach wegließ. Bitte ergänzen Sie den Text. Wie könnte die Erzählung weitergehen?

Er kam mit d____ Morgenzug an. Grau____ Wolken zogen über den Himmel. Vom Norden her blies ein kalt____ Wind. Am Bahnsteig sah er viel____ Wartend____, darunter auch einige klein___ Kinder. Kein____ beachtete ihn. Rasch ging er an d____ Menschen vorbei, stellte seinen Koffer in ein____ Schließfach ab und verließ den Bahnhof. Zuerst mußte er Jutta anrufen. Sie wohnte am ander____ Ende der Stadt. Sie war ein____ der wenig____, die hiergeblieben waren. Die meist____ „Ehemalig____" waren in die Großstädte ringsum abgewandert, wo sie gut____ Stellen gefunden hatten. An Jutta erinnerte er sich genau. Sie war nicht so wie all____ ander____ gewesen. Sie hatte sein____ Leben durch mancherlei Neu____ bereichert. Deutlich waren ihm jen____ fern____ Tage noch im Gedächtnis. Gemeinsam____ Ausflüge in die nah____ Berge, endlos____ Diskussionen über Gott und d____ Welt, besonders über die schädlich____ Folgen menschlich____ Tuns, Lektüre der Gedichte Rilkes* und ander____ Dichter der Jahrhundertwende. Er war damals nach Hamburg umgezogen und hatte nichts mehr von sich hören lassen. Er wollte kein____ sinnlos____ Kontakte aufrechterhalten. Als ihm dann sein____ Einsamkeit bewußt geworden war, hatte er all____ möglich____ unternommen, um die unterbrochen____ Verbindung wieder aufzunehmen. Doch etwas für ihn Unfaßbar____ geschah. Sie wollte mit ihm nichts mehr zu tun haben. Er schrieb ihr mehrer____ lang____ Briefe, schickte ihr auch ein paar klein____ Geschenke, aber sie blieb stumm____. Manchmal fragte er sich, welch____ schlimm____ Sachen er wohl verbrochen hatte. Er verlangte ja nicht viel, er erwartete nur irgendein____ klein____ Lebenszeichen. Zögernd betrat er d____ Telefonzelle und wählte d____ bekannt____ Nummer, aber es war besetzt. Mit wem telefonierte sie wohl? Mit ein____ gewiss____ Eifersucht dachte er an ihr____ viel____ Bekannt____. Aus Erfahrung wußte er, daß Juttas morgendlich____ Telefonate lange dauerten. Da blieb ihm nichts ander____ übrig als hinzufahren. Kurz entschlossen____ überquerte er die belebt____ Straße und stieg in d____ wartend____ Bus. Die Türen schlossen sich, und das Fahrzeug setzte sich in Bewegung. Verärgert bemerkte er, daß er nervös____ war. Du lieb____ Himmel, dachte er. Ich komme mir vor wie ein____ klein____ Junge. Jetzt fiel ihm auch ihr____ letzt____ gemeinsam____ Fahrt ein. Es war eine Fahrt gewesen, an deren ungewöhnlich____ Einzelheiten er sich nur ungern erinnerte.

* Rainer Maria Rilke, deutscher Dichter (1875 – 1926)

## *29–32 Relativsätze*

Verbinden sie den hervorgehobenen Satz mit Hilfe eines Relativpronomens mit den darauffolgenden Sätzen.

| **Beispiel:** | Man schenkte uns ein Klavier.<br>a) Es war völlig verstimmt.<br>b) Viele beneideten uns darum. | Man schenkte uns ein Klavier,<br>a) *das* völlig verstimmt war.<br>b) *um das* uns viele beneideten. |
|---|---|---|

### *29* Der Minister trat zurück.

a) Viele hatten damit gerechnet.
b) Dies überraschte kaum jemanden.
c) Es war allgemein befürchtet worden.
d) Durch den Rücktritt° wurde eine Regierungskrise ausgelöst.
e) Besonders die Oppositionsparteien freuten sich darüber.
f) Die Presse hatte seine Amtsführung stark kritisiert.
g) Er war erst Anfang des Monats ernannt worden.

Der Minister trat zurück,

a) ______________________________
b) ______________________________
c) ______________________________
d) ______________________________
e) ______________________________

Der Minister,

f) ______________________________ ,
g) ______________________________ ,
trat zurück.

### *30* Morgen besichtigen wir eine Stadt / einen Ort / ein Dorf.

a) Ihre Geschichte reicht bis in das 9. Jahrhundert zurück.
b) Sie hatte ein wechselvolles Schicksal.
c) Die alten Häuser dieser Stadt werden noch heute bewohnt.
d) Schon meine Großmutter schwärmte von dieser Stadt.
e) Von ihrer Existenz wußten bei uns nur wenige.
f) Viele Menschen wollen dort leben.
g) Über diese Stadt singt man viele Lieder.
h) Die früheren Bewohner der Stadt waren Kaufleute.
i) An diese Stadt werden Sie noch lange denken.

Morgen besichtigen wir eine Stadt,

a) ______________________________
b) ______________________________
c) ______________________________
d) ______________________________
e) ______________________________
f) ______________________________
g) ______________________________
h) ______________________________
i) ______________________________

## 31 Relativsätze mit „wer“, „wem“, „wen“, „was“, „wo-“

**Beispiel:** Die Leute, die oft hierher kommen, kennen wir schon.
*Wer oft hierher kommt, den* kennen wir schon.

a) Für jemanden, der noch nie hier war, ist die Umstellung ziemlich schwierig.
b) Jeder, dem es dort gefällt, kann seinen Aufenthalt verlängern.
c) Alle, denen es zu kalt ist, sollen sich einen Mantel anziehen.
d) Zu Menschen, die sie nicht kennt, hat sie kein Vertrauen.
e) Die Tür muß derjenige zuschließen, der als letzter geht.
f) Menschen, die nicht hören wollen, kann nicht geholfen werden.
g) Mach keine Dinge, von denen du nichts verstehst.
h) Bald erlebt sie eine Sache, über die sie sehr überrascht sein wird.

a) ______
b) ______
c) ______
d) ______
e) ______
f) ______
g) ______
h) ______

## 32

a) Sie ist kritisch gegenüber allen Dingen, die er vorschlägt.
b) Ich sah nur wenige Dinge, die mich interessierten.
c) In vielen Sachen, die er sagt, sind wir einer Meinung.
d) Dieselben Dinge, die die anderen Kinder schon gemalt haben, will Benjamin nicht malen.
e) Die interessantesten Sachen, die dort passiert sind, erzähle ich Ihnen später.
f) Sie teilte mit uns die wenigen Dinge, die sie hatte.
g) Ich kann nur Speisen° empfehlen, die ich selbst gegessen habe.

a) ______
b) ______
c) ______
d) ______
e) ______
f) ______
g) ______

## 33 Partikel: Negation und Einschränkung

Setzen Sie in der folgenden Übung die Wörter *allein, erst, kein-, mehr, nicht, nichts, nie, niemand, noch, nur, schon* ein.

**Beispiel:** Nach 12 Uhr können Sie mich leider ○ ○ erreichen. **Lösung:** *nicht mehr*

1) Waren Sie ○ in dem neuen Film von Otto? – Nein, leider ○ ○. Ich habe im Moment viel zu tun und kann ihn mir ○ nächste Woche anschauen. ________ ________ ________
2) Beeile dich! Wir haben ○ ○ wenig Zeit. Unser Zug fährt ○ in einer Stunde, und es sind ○ zwei Koffer zu packen. ________ ____ / ____
3) Könnten Sie an dem vorliegenden Plan ○ etwas ändern? – Nein, leider kann ich ○ ○ ändern. ________ ________
4) Der Patient auf Zimmer 7 darf vorläufig ○ ○ nach Hause. Er wird ○ entlassen, wenn die Krankheit ganz ausgeheilt ist. ________ ________
5) Diese Stelle verdankt er ○ seinen guten Beziehungen. ________
6) Heute ○ schwärmt mein Großvater von der guten alten Zeit, obwohl sie ○ lange vorbei ist. ________ ________
7) Hat sich schon jemand gemeldet? – Nein, ○ ○ . ________
8) Margit gähnte. Es war ○ Mitternacht vorbei, und sie hatte ○ Lust ○, den Brief umzuschreiben. ________ ________
9) Die Spendenaktion war ein voller Erfolg; ○ in unserem Haus wurden 250 Mark gesammelt. ________
10) Als sie den Kranken sah, ahnte sie, daß er ○ ○ lange leben würde. ________
11) Die Party war zunächst langweilig; Stimmung kam ○ auf, als sich Jochen ans Klavier setzte. ________
12) Die Uhr schlug sechs. Alle waren ○ gegangen, auch in der Bibliothek saß ○ ○. ________ ________
13) Unser Unternehmen wird teuer; ○ die Reisekosten betragen etwa 5000 Mark. ________
14) Mein Freund hat in der Lotterie ○ öfter etwas gewonnen; ich dagegen bis jetzt ○ einmal. Und meine arme Großmutter spielt ○ dreißig Jahre lang und hat ○ ○ etwas gewonnen. ________ ________ ____ / ____
15) Unsere jüngste Tochter ist ○ ziemlich groß. Alle Leute denken, sie gehe ○ zur Schule. Aber sie ist ○ fünf Jahre alt und muß ○ ein ganzes Jahr warten. ________ ____ / ____ ________
16) Zurück in die Großstadt wollte Edith nicht; ○ schon der Gedanke war ihr schrecklich. ________

# 34–38 Präpositionen

## 34

Ergänzen Sie die fehlenden Präpositionen.

1) Es war ein Kampf ○ Leben und Tod.
2) ○ dem 30.6. werden die alten Münzen ungültig.
3) Sie können den Kühlschrank auch ○ Raten kaufen.
4) Die Raumsonde flog ○ einer Entfernung von 34.000 km ○ der Venus vorbei.
5) Schon fünf Jahre schreibt Carl ○ seinen Erinnerungen.
6) Das gesuchte Zitat finden Sie ○ Seite 143.
7) ○ Wunsch bringen wir Ihnen das Frühstück ○ Zimmer.
8) Unsere Hockeymannschaft hat mit 2 ○ 1 gewonnen.
9) Machen Sie es nicht allein; ○ zweit geht es besser.
10) Er hat ○ unser Wissen riesige Schulden gemacht.
11) ○ des Ministers kam nur ein Staatssekretär.
12) Der Gefangenenaustausch findet ○ Kontrolle der Vereinten Nationen statt.
13) Der Saal war ○ ○ den letzten Platz besetzt.
14) Die Studie beschäftigt sich ○ erster Linie mit gesundheitlichen Gefahren ○ Arbeitsplatz.
15) Der Pilot war ○ der Stelle tot.
16) Der Bankbeamte hielt die Dollarnote ○ das Licht.
17) Er wurde zum Ehrenmitglied ○ Lebenszeit ernannt.
18) Lassen Sie den Zaun ○ meine Kosten reparieren!
19) Egon war vor Wut ○ sich.
20) Diese viele Arbeit! Das geht ○ meine Kräfte.
21) Wir wollen uns ○ nächster Gelegenheit aussprechen.
22) Wo ist der Unterschied ○ beiden Geräten ?
23) ○ diesem Lärm kann man doch nicht telefonieren!
24) ○ aller Eile räumte Benjamin den Keller auf.
25) Sei ehrlich! Was ist ○ dir los?
26) Ich kenne den Schauspieler nur dem Namen ○ .
27) ○ Bitten der Hörer wurde die Sendung wiederholt.
28) Ich bin ○ der Verspätung ○ keinen Fall schuld.
29) Heinrich ging vor dem Geschäft auf und ○ .
30) Was gefällt dir eigentlich ○ ihm?
31) Meinst du, Martina sei zu jung ○ eine Ehe?
32) ○ den erkrankten Schulz steht Bader im Tor.
33) ○ Protest ○ die Regierungspolitik trat er zurück.

# 35 Präpositionen

Ergänzen Sie die fehlenden Präpositionen.

1) ○ die Dauer kann er in diesem Loch nicht wohnen bleiben.
2) Wegen eines Defekts sind zwei Maschinen ○ Betrieb.
3) Orkane erreichen Geschwindigkeiten ○ ○ 200 km / h.
4) Den ganzen Tag ○ lief das Radio.
5) Ich möchte mit dem Anwalt ○ vier Augen sprechen.
6) Das Schiff verkehrt nur bis Anstadt; ○ von Anstadt ist der Fluß noch nicht schiffbar.
7) War das eine schlechte Aufführung! Einfach ○ aller Kritik!
8) ○ Vorbeigehen sah Udo, daß die Tür offenstand.
9) ○ lauter Arbeit weiß er nicht, wo er anfangen soll.
10) ○ Einladung des Senats hält er einen Vortrag.
11) Für Ihre Mühe danke ich Ihnen ○ voraus.
12) ○ Himmel sahen wir unzählige Sterne.
13) Etwa 150 m ○ des Gipfels war eine Gruppe von Bergsteigern zu erkennen.
14) ○ halben Preis kaufe ich den teuren Pullover gern.
15) ○ von zwei Stunden sanken die Temperaturen ○ den Nullpunkt, und es schneite ○ dicken Flocken.
16) Das gesuchte Buch ist ○ Sicherheit nicht ○ mir.
17) Sie erhalten die Waren dort nur ○ Barzahlung.
18) ○ Bestellung ○ 100 Stück geben wir Ihnen 3% Rabatt.
19) Das Schiff wartet schon. Gehen wir ○ Deck!
20) Der Beamte ist nur während, nicht aber ○ der Bürozeiten zu sprechen.
21) Der Häftling wurde entlassen, d.h. er befindet sich ○ freiem Fuß.
22) Die Organisation muß ○ Grund ○ erneuert werden.
23) ○ Feier des Tages spendierte er eine Flasche Sekt.
24) „Du wirst ○ Tag ○ Tag schöner", flüsterte er.
25) ○ von 1500 m herrschen ideale Schneeverhältnisse.
26) Oma sagt: "○ meiner Zeit war alles viel ruhiger".
27) Wir testen das Gerät ○ einen längeren Zeitraum.
28) Lassen Sie sich nicht ○ der Ruhe bringen!
29) Hand ○ Hand bummelten sie ○ die Stadt.
30) Der Preis für diesen Markenwein ist ○ acht ○ zehn Mark gestiegen, d.h. ○ 25 %.
31) ○ heute haben wir genug gearbeitet.
32) ○ Tränen erzählte Ulla, was sie erlebt hatte.
33) Ihr ○ hat er sich immer korrekt verhalten.

## 36 Präpositionen ✖

Setzen Sie folgende Präpositionen ein: *abseits, angesichts, anläßlich, binnen, dank, entgegen, für, gemäß, infolge, jenseits, kraft, laut, mangels, mittels, samt, um... willen, ungeachtet, wider, zufolge, zugunsten.*

(**Achtung:** Die einzusetzenden Präpositionen haben meist einen anderen Kasus zur Folge als die Bedeutungshilfe in Klammern. Dies ist jedoch aus dem Satz bereits erkennbar. Wenn Sie Schwierigkeiten haben, hilft Ihnen Anhang C.)

1) ○ eines Nachschlüssels waren die Diebe in das Hotelzimmer gelangt. *<mit Hilfe von>*
2) Wir suchten kleine, verschwiegene Orte ○ der großen Touristenzentren. *<entfernt von>*
3) Die Künstler verzichteten auf ihre Gage ○ krebskranker Kinder. *<zum Vorteil von>*
4) ○ Vertrag muß der Mieter bei seinem Auszug die Räume instandsetzen. *<entsprechend>*
5) Dem Hotelgast wurde die Jacke ○ Brieftasche gestohlen. *<zusammen mit>*
6) ○ des 200. Todestages des Komponisten hielt Professor Maier in der Akademie einen Vortrag. *<bei Gelegenheit>*
7) ○ Erwarten hatte man sich doch noch geeinigt. <entgegen>
8) ○ seinen guten Russischkenntnissen fand er sofort eine Stelle als Dolmetscher. *<aufgrund>*
9) ○ der Friedensappelle aus aller Welt ging der Krieg zwischen den beiden Staaten weiter. *<trotz>*
10) Einem Bericht der FAZ* ○ finden in der Schweiz Geheimverhandlungen der Supermächte statt. *<nach, laut>*
11) Die alten Bestimmungen sind ungültig; ○ nun ○ galten die neuen. <ab jetzt>
12) ○ den Bestimmungen dürfen hier an Sonn- und Feiertagen keine LKWs fahren. *<entsprechend>*
13) ○ ärztlichem Gutachten leidet der Patient an fortgeschrittener Sklerose. *<entsprechend>*
14) ○ technischer Defekte mußte der Start der Rakete mehrmals verschoben werden. *<wegen>*
15) Der Präsident sagte: „○ meines Amtes ernenne ich Sie hiermit zu meinem Nachfolger." *<durch die Autorität von>*
16) ○ der Proteste verzichtet man auf Preiserhöhungen. *<wegen>*
17) Viele Menschen verließen Europa, um ○ des Meeres eine neue Heimat zu finden. <auf der anderen Seite>
18) ○ den Erwartungen hat das Gerät mehrmals versagt. *<nicht entsprechend>*
19) Sie verpflichtete sich, die Übersetzung ○ zwei Monaten fertigzustellen. *<im Laufe von>*
20) ○ des lieben Friedens ○ schwieg ich zu der Angelegenheit. *<wegen>*
21) Der Buchhaltungskurs fällt ○ Nachfrage aus. *<aus Mangel an>*

* FAZ = Abkürzung für „Frankfurter Allgemeine Zeitung"

## 37 Präpositionen

Bilden Sie aus den Satzgerüsten Sätze im Präsens.

1) *viel, Studenten* – sein, abhängig – staatlich, Hilfe
2) *manch-, Politiker* – sein, überzeugt – Unersetzlichkeit
3) *diese, Familie* – sein, reich – musikalisch, Talente
4) *Öffentlichkeit* – sein, gespannt – Ausgang (Prozeß)
5) *jeder einzelne* – sein, verantwortlich – Schutz (Umwelt)
6) *Maschine* – sein, geeignet – nur größer, Betriebe
7) *Mütter* – (oft) sein, eifersüchtig – Schwiegertöchter
8) *Arbeitsamt* – sein, behilflich – Stellensuche
9) *Egoisten* – sein, blind – Bedürfnisse (Mitmenschen)
10) *klein, Vereine* – (meist) sein, angewiesen – Zuschüsse
11) *Veranstalter* – sein, enttäuscht – gering, Beteiligung
12) *hoch, Intelligenz* – sein, charakteristisch – Delphine
13) *Diktatoren* – sein, mißtrauisch – jeder, Mensch
14) *Kinder* – sein, müde – lang, Busfahrt
15) *beide, Staaten* – sein, bereit – Waffenstillstand
16) *viel, Menschen* – sein, begeistert – neu, Sportart
17) *? wer* – sein, zuständig – Planung (Reise)
18) *monatelang, Dürre* – sein, schuld – Mißernte
19) *Patient* – (seit gestern) sein, frei – Beschwerden
20) *Sänger* – sein, beliebt – jung und alt
21) *Paket* – sein, bestimmt – Firma, Brasilien

1) ______________________________
2) ______________________________
3) ______________________________
4) ______________________________
5) ______________________________
6) ______________________________
7) ______________________________
8) ______________________________
9) ______________________________
10) ______________________________
11) ______________________________
12) ______________________________
13) ______________________________
14) ______________________________
15) ______________________________
16) ______________________________
17) ______________________________
18) ______________________________
19) ______________________________
20) ______________________________
21) ______________________________

## 38 Kästchenrätsel zu den Präpositionen ✖

In jedem Satz muß eine Präposition erraten werden, aus der ein bestimmter Buchstabe in das jeweilige Kästchen einzutragen ist. Die Zahl in Klammern gibt an, der wievielte Buchstabe das ist. Die Buchstaben in den Kästchen ergeben, von unten nach oben gelesen, ein deutsches Sprichwort.
(Ä = AE, Ü = UE). **Beispiel:** AUS (2) = U

I ___ I 1) Das Gesetz wurde ______ (3) den erbitterten Widerstand der Opposition beschlossen.
I ___ I 2) Die ganze Familie war __________ (1) heller Aufregung.
I ___ I 3) Der Bedarf __________ (2) qualifizierten Technikern ist groß.
I ___ I 4) __________ (4) uns gesagt, ich fand seine Rede überhaupt nicht gut.
I ___ I 5) __________ (2) Überraschung wußte ich nicht, was ich sagen sollte.
I ___ I 6) __________ (4) der sofortigen Einlieferung ins Krankenhaus konnte der Verunglückte gerettet werden.
I ___ I 7) Ich kann Ihnen den Namen __________ (2) besten Willen nicht sagen.
I ___ I 8) Die Ausstellung wurde __________ (3) des großen Interesses verlängert.
I ___ I 9) Mikroorganismen lassen sich __________ (2) bloßem Auge nicht erkennen.
I ___ I 10) Er wurde __________ (3) Trunkenheit am Steuer verurteilt.
I ___ I 11) Seine Verdienste __________ (1) unser Land sind unbestritten.
I ___ I 12) Haben Sie __________ (3) das Wochenende schon etwas vor?
I ___ I 13) Viele leben lieber __________ (1) dem Land als in der Stadt.
I ___ I 14) An der Demonstration nahmen __________ (2) die 200 Personen teil.
I ___ I 15) Welche Note hat der Schüler __________ (1) Erdkunde?
I ___ I 16) Wir saßen gemütlich __________ (2) Kaffee und Kuchen zusammen.
I ___ I 17) Die Miete beträgt __________ (2) Monat 650 Mark.
I ___ I 18) __________ (2) Ihrem Wissen ist diese Aufgabe doch kein Problem.
I ___ I 19) Er ist ein durch und __________ (1) ehrlicher Mensch.
I ___ I 20) __________ (3) normalen Bedingungen hätten wir uns beschwert.
I ___ I 21) Diese neuen Bestimmungen gelten erst __________ (1) kurzem.
I ___ I 22) Der Eintritt ist für Kinder __________ (2) zu 12 Jahren frei.
I ___ I 23) Er ist __________ (3) Frage der beste Bewerber für dieses Amt.
I ___ I 24) Die ganze Nacht __________ (4) hielt der Schneesturm an.
I ___ I 25) Nur __________ (1) ihrem guten Ortsgedächtnis fanden wir zum Hotel zurück.
I ___ I 26) Noten kann sie nicht lesen; sie spielt alles __________ (1) dem Gehör.
I ___ I 27) __________ (2) Erwarten wirkte die Spritze nicht sofort, sondern erst nach einer Stunde.
I ___ I 28) Der Weg führte an einem Bach __________ (4) .
I ___ I 29) __________ (2) einem Rechnungsbetrag von DM 100.– ist die Lieferung frei.
I ___ I 30) Wir suchen einen Tisch __________ (3) drei Metern Länge.
I ___ I 31) Rom __________ (2) Nacht ist ein unvergeßliches Erlebnis.
I ___ I 32) Die Gewinner werden __________ (1) das Los ermittelt.
I ___ I 33) __________ (4) den Fall, daß es regnet, nehme ich den Schirm mit.
I ___ I 34) Mehrere Abgeordnete erhoben sich und verließen ________ (4) lautem Protest den Saal.
I ___ I 35) __________ (4) Vertrag gilt eine Kündigungsfrist von 3 Monaten.
I ___ I 36) Leider geht es nicht __________ (3) eine weitere Untersuchung.
I ___ I 37) Alle lachten, nur ich fand diesen Witz überhaupt nicht __________ (2) Lachen.

**Lösung:** ______________________________________________

______________________________________________

# Bedeutungs-präzisierung mit verbalen Strukturen

# Verben mit Vorsilben

Der Gebrauch von Verben mit Vorsilben erlaubt eine präzisere, oft kürzere Ausdrucksweise. Diese komplexere Sprachform ist meist nicht nur treffender, sondern auch eleganter als der entsprechende Satz ohne ein Verb mit Vorsilbe. Manche Vorsilben bewirken eine genau bestimmbare Bedeutungspräzisierung (z.B. *er-, zer-*), andere wiederum können unterschiedliche Bedeutungen ausdrücken (z.B. *unter-, ver-*). Für die Überschriften wurden die häufigsten Bedeutungen ausgewählt. Bei den trennbaren Formen wird die präpositionale Vorsilbe betont (*'untertauchen*); die ursprüngliche Bedeutung der Präposition bleibt weitgehend erhalten. Bei den Formen mit fester Vorsilbe wird der Verbstamm betont (*unter'lassen*); die Verben werden meist im übertragenen Sinn verwendet.

## 39–47 Verben mit untrennbaren Vorsilben

### 39 Vollendung von Handlungen: Vorsilbe be-

Die Sätze 1–5 der folgenden Satzgerüste enthalten Verben ohne Vorsilbe; die Verben der Sätze 6–11 erhalten die Vorsilbe *be-* und erfordern daher ein direktes Objekt. Verwenden Sie zunächst das Präteritum.

**Beispiel:** *Kind* – malen – Blumen – Blatt
a) *Das Kind malte Blumen auf das Blatt.*
b) *Das Kind bemalte das Blatt mit Blumen.*

**Weitere Übungsmöglichkeiten:** Formen Sie die Sätze 1–5 in Sätze mit Verben mit der Vorsilbe *be-* um, die Sätze 6–11 in Sätze mit Verben ohne die Vorsilbe *be-*. Bilden Sie auch Sätze im Perfekt (*Das Kind hat Blumen ... gemalt. / hat das Blatt ... bemalt.*), und formen Sie die Sätze mit Verben mit Vorsilbe ins Passiv um (*Das Blatt wurde von dem Kind mit Blumen bemalt.*).

1) *Geschäftsmann* – antworten(/) – Brief (Kunde)
2) *Bauer* – laden – Holz – Wagen
3) *Gäste* – treten – Balkon
4) *Mathematiker* – schreiben – Formeln – Tafel
5) *Kind* – folgen – Worte (Mutter)

1) ____________________
2) ____________________
3) ____________________
4) ____________________
5) ____________________

6) *Fahrer* – beachten(/) – Stoppschild
7) *Reiterin* – (rasch) besteigen – Pferd
8) *er* – begießen – Wasser – wir
9) *Angestellter* – bewohnen – klein, Zimmer, Stadtrand
10) *Firma* – beliefern – medizinisch, Geräte – Krankenhäuser
11) *niemand* – befolgen – Rat (Alte)

6) ____________________
7) ____________________
8) ____________________
9) ____________________
10) ____________________
11) ____________________

## 40 *Sichentfernen, Wegnahme: Vorsilbe* ent-

In den Sätzen 1–4 bedeutet *ent-*, daß sich das Subjekt des Satzes wegbewegt; in den Sätzen 5–17 drückt *ent-* aus, daß eine Sache weggenommen oder von einer anderen Sache befreit wird. Formen Sie die Sätze um, und verwenden Sie dabei Verben mit der Vorsilbe *ent-* (*enteignen, entfernen, entgehen, enthüllen, entlasten, sich entspannen, entwaffnen, entweichen, entwurzeln,* u.a.).

| **Beispiele:** | Die Kinder suchen den Hund. | *Der Hund ist den Kindern entlaufen.* |
|---|---|---|
| | Man° befreit das Meerwasser vom Salz. | *Das Meerwasser wird entsalzen.* |

1) Die alte Frau sucht ihren Vogel.
2) Die Verfolger suchen den Flüchtling.
3) Ich habe den Fehler nicht bemerkt. *(Der Fehler ...)*
4) Im Ballon ist keine Luft mehr. *(Aus dem Ballon ...)*
5) Man° verminderte die Arbeitslast° des Beamten.
6) Die Ladung° darf nicht auf dem Boot bleiben. *(müssen, Passiv)*
7) Die politischen Spannungen° sind zurückgegangen. *(Lage)*
8) Der Staat° nahm dem Hausbesitzer das Eigentum. *(Passiv)*
9) Der Boden enthielt zu viel Wasser. *(müssen, Passiv)*
10) Sie riß ihm den Brief aus der Hand.
11) Die Polizei° nahm dem betrunkenen Fahrer den Führerschein ab. *(entziehen)*
12) Man befreite den Patienten vom Gipsverband. *(entfernen)*
13) Morgen nimmt man° die Hülle von dem Denkmal.
14) Den Rebellen nahm man° die Waffen weg.
15) Der Orkan riß Bäume aus der Erde°. *(Passiv)*
16) Autoabgase sind sehr giftig. *(müssen, Passiv)*

1) ______________________________

2) ______________________________

3) ______________________________

4) ______________________________

5) ______________________________

6) ______________________________

7) ______________________________

8) ______________________________

9) ______________________________

10) ______________________________

11) ______________________________

12) ______________________________

13) ______________________________

14) ______________________________

15) ______________________________

16) ______________________________

## 41 *Ergebnis und Wirkung: Vorsilbe* er-

Die Vorsilbe *er-* bedeutet eine Wirkung oder ein Ergebnis. Formen Sie die untenstehenden Sätze um, und verwenden Sie dazu Verben mit der Vorsilbe *er-* (z.B. *erfrieren, ergänzen, erhitzen, erleuchten, erneuern, erraten, ersticken).* Ersetzen Sie die Subjekte durch Pronomen.

**Beispiel:** Durch den Unfall° wäre Herr Langer fast blind geworden.
*Er wäre fast erblindet.*

1) Der Friseur ist krank geworden. ______
2) Die Frau wurde rot im Gesicht. ______
3) Kaltes Wasser macht frisch. ______
4) Geräte machen die Arbeit leichter. ______
5) Seine Besuche machen uns Freude. ______
6) Die Lösung wurde heiß gemacht. ______
7) Der alte Zaun ist wirklich häßlich. *(müssen, Passiv)* ______
8) Der Ofen macht das Zimmer warm. ______
9) Sein Haar war früh grau geworden. ______
10) Die Leiche ist schon° kalt. ______
11) Die Einwohnerzahl wurde höher. ______
12) Der Lehrer macht uns Regeln klar. ______
13) Die Erbschaft machte sein Studium möglich. ______
14) Der Gefangene wurde bleich. ______
15) Der Blitz machte die Nacht hell. ______
16) Der Patient ist nach der Narkose° wach geworden. ______
17) Man kann niemanden zwingen, einen zu lieben. *(Liebe läßt ...)* ______
18) Eine Kerze brachte Licht in die Höhle. ______
19) Der lange Spaziergang hat euch müde gemacht. ______
20) Die Bürokratie macht ihm das Leben schwer. ______
21) Tragen Sie die fehlenden Endungen ein. ______
22) Niemand kam auf das Geheimnis. ______
23) Fast wären sie wegen Luftmangels° ums Leben gekommen. ______
24) Durch Kälte° sind seine Zehen abgestorben. ______
25) Durch Sparen haben sie genug Geld für ein Häuschen. ______

## 42–46 Fehlhandlungen (Handlungen, die unabsichtlich, aus Versehen oder wider Willen geschehen): *Vorsilbe* ver-

## 42

Ergänzen Sie die untenstehenden Sätze mit den Verben *verdrehen, sich verfahren, sich verfliegen, vergessen, sich verhören, sich verlaufen, verlegen, verlieren, verpassen, sich verrechnen, versalzen, sich verschätzen, verschlafen, sich verschreiben, sich verspäten, sich versprechen, verwechseln.*

1) Sagten Sie „im Juni" oder habe ich mich ____________________ ?
2) Der Brief sah schrecklich aus, denn ich hatte mich ständig ____________________ .
3) Der Geldbeutel war weg; entweder war er gestohlen oder ____________________ .
4) Ein Mathematiklehrer sollte sich nicht ____________________ .
5) Der Pilot geriet über die Grenze, denn er hatte sich im Nebel ____________________ .
6) Eine deutsche Redensart sagt, daß verliebte Köchinnen die Suppe ____________________ .
7) Können Sie uns bitte sagen, wie wir zur Autobahn kommen? Wir haben uns nämlich ____________________ .
8) Die Feier dauerte bis in die Nacht. Natürlich habe ich heute früh ____________________ .
9) Die Begegnung war mir sehr unangenehm, denn ich hatte seinen Namen ____________________ .
10) Die Touristen waren ohne Stadtplan losgegangen und hatten sich bald ____________________ .
11) Entschuldigen Sie, daß ich Sie angesprochen habe. Ich habe Sie mit Frl. Wagner ____________________ .
12) Auf den ersten Blick sah der Mann wie sechzig aus, aber da hatte ich mich gründlich ____________________ .
13) Der Bus kam nicht pünktlich, und so haben wir uns um eine halbe Stunde ____________________ .
14) Die Kinder wollten ihn ärgern und beschlossen, alle Knöpfe am Radio zu ____________________ .
15) Können Sie mir beim Suchen helfen? Ich habe meine Brille ____________________ .
16) Wir mußten im Hotel schlafen, denn wir hatten den letzten Zug ____________________ .
17) Der Redner war sehr unkonzentriert und hat sich dauernd ____________________ .

## 43 Weitere Fehlhandlungen

Ergänzen Sie die untenstehenden Sätze mit den Verben *verbauen, verbiegen, verfehlen* (2 x), *vergießen, sich verirren, verkennen, verlernen, sich vermessen, verrutschen, versagen, versalzen, versäumen, sich verschieben, verschießen, verschütten, versehen, verstauchen, verstimmen, sich vertippen, sich verwählen.*

1) Erst die Nachwelt schätzte ihn als großen Dichter; zu Lebzeiten wurde er ________________.
2) Sie hätten den Antrag bis letzten Freitag stellen sollen; leider haben Sie den Termin ________________.
3) Wir wollten uns im Bahnhof treffen, haben uns aber leider ________________.
4) Das Tischtuch hat braune Flecken. Jemand hat Kaffee ________________.
5) Er hat das Geld nicht absichtlich eingesteckt; es geschah aus ________________.
6) Alle dachten, der Schütze hätte getroffen, aber er hatte das Ziel knapp ________________.
7) Bei dem Sprung aus dem Fenster hat sich Ernst den rechten Fuß ________________.
8) Früher konnte sie gut stricken; inzwischen hat sie es leider wieder ________________.
9) Jemand hat an den Saiten der Gitarre gedreht. Sie klingt ________________.
10) Während des Kurses war er erfolgreich, aber in der Prüfung hat er ________________.
11) Die von Ihnen angegebenen Maße des Zimmers können nicht stimmen; da haben Sie sich sicher ________________.
12) Mit seiner falschen Entscheidung, die Stelle in Köln abzulehnen, hat er sich die Zukunft ________________.
13) Wenn die Krawatte nicht genau in der Mitte hängt, sagt man, sie ist ________________.
14) Der Chef diktierte so schnell, daß sich die Sekretärin oft ________________.
15) In vielen Märchen wird erzählt, wie sich Kinder im tiefen Wald ________________.
16) Der Löffel hatte vorher so eine schöne Form; irgendein Dummkopf hat ihn völlig ________________.
17) Wir müssen diesen Teppich befestigen, weil er sich immer wieder ________________.
18) Entschuldigen Sie, ich wollte eine andere Nummer anrufen. Ich habe mich ________________.
19) Trifft ein Fußballer beim Elfmeter das Tor nicht, sagt man, er hat den Elfmeter ________________.

## 44 Das muß anders werden

Formen Sie die untenstehenden Sätze um und verwenden Sie dabei Verben mit der Vorsilbe *ver-* (z.B. *vereinigen, verfeinern, vernichten, verschärfen, versperren, verstecken, vertiefen).*

**Beispiel:** Das Fenster ist / war zu klein. *Es muß / mußte vergrößert werden.*

Wenn Sie die Übung gemacht haben, bilden Sie auch Sätze, die eine Empfehlung ausdrücken: *Das Fenster müßte vergrößert werden. / Das Fenster hätte vergrößert werden müssen.*

1) Die Schnur ist zu lang.
2) Überall auf der Welt lagern noch chemische Waffen.
3) Die Qualität der Ware ist sehr schlecht.
4) Die Mäntel sind viel zu teuer.
5) Das Tor war zu eng.
6) Die Grube ist zu flach.
7) Das Gesetz ist zu mild.
8) Der Widerstand war zu schwach.
9) Der Urlaub ist zu kurz.
10) Die Fassade ist zu häßlich.
11) Energie wird verschwendet, wenn sie zu wenig kostet.
12) Der Handel mit seltenen Tieren ist immer noch erlaubt.
13) Die beiden Organisationen arbeiten leider noch getrennt.
14) Meine Herren, unsere Firma ist viel zu groß.
15) Die Untersuchungsmethoden waren zu grob.
16) Durch diese Tür kommen immer fremde Leute○ ins Haus○.
17) Niemand darf dieses Buch hier sehen.
18) Für die Dia-Schau ist das Zimmer zu hell.

1) ______
2) ______
3) ______
4) ______
5) ______
6) ______
7) ______
8) ______
9) ______
10) ______
11) ______
12) ______
13) ______
14) ______
15) ______
16) ______
17) ______
18) ______

## 45 Das sollte sich ändern ✖

Die folgenden Sätze beschreiben einen unbefriedigenden Zustand, der noch andauert (Präsens), oder der früher einmal bestand (Vergangenheit). Finden Sie Verben mit der Vorsilbe *ver-*, die die gewünschte Änderung des Zustands (jetzt) bewirken könnten oder (früher) hätten bewirken können.

**Beispiel:** Das Programm dauert(e) viel zu lange. **Veränderung:** *verkürzen*

Bilden Sie dann Übungssätze nach folgendem Muster:
a) Man sollte es verkürzen. (Es sollte verkürzt werden.)
b) Man hätte es verkürzen sollen. (Es hätte verkürzt werden sollen.)

Einzusetzende Verben: *verdoppeln, verdreifachen, verdünnen, vereinfachen, vereinheitlichen, verheizen, verlegen, verlegen, vermindern, veröffentlichen, verpacken, verpflanzen, verringern, verschieben, versetzen, verstaatlichen, verteilen, vervollständigen, (wieder)verwerten.*

Veränderung:

1) Die Ausgaben sind viel zu hoch. ____________
2) Die Säure war zu konzentriert. ____________
3) Der Inhalt° des Vertrags darf auf keinen Fall geheim bleiben. ____________
4) Eure Erklärung war außerordentlich kompliziert. ____________
5) Es wäre besser, wenn dieser unfähige Beamte auf einem anderen Posten arbeiten würde. ____________
6) Bestimmte Betriebe dürfen nicht mehr im Besitz von Privatleuten sein. ____________
7) Das Bäumchen gedieh an dieser Stelle nicht. ____________
8) Altmetall ist zu kostbar, um weggeworfen zu werden. ____________
9) Es ist ungerecht, wenn einer alle Arbeiten erledigen soll. *(auf alle)* ____________
10) Das Adressenverzeichnis war lückenhaft. ____________
11) Die Unterstützung für diese Leute könnte dreimal so hoch sein. ____________
12) Es wäre besser gewesen, wenn die geplante Konferenz später stattgefunden hätte. ____________
13) In dieser Schachtel° gehen die Gläser unterwegs sicher kaputt. *(besser)* ____________
14) Die Strafgesetze in den einzelnen Ländern dürften nicht so unterschiedlich sein. ____________
15) In vielen Ländern ist Holz als Brennmaterial° viel zu kostbar. *(nicht)* ____________
16) Der Anteil der Frauen in dieser Kommission ist um 50 % zu niedrig. ____________

## 46 Das hat sich geändert ✖

Ergänzen Sie die untenstehenden Sätze mit folgenden Verben (Achten Sie bei den Sätzen 5, 8 und 9 besonders auf die richtige Zeit.): *veralten, verarbeiten, verarmen, sich verdunkeln, verfallen, verjagen, verkümmern, verlangsamen, sich verschlechtern, verschließen, sich verschlimmern, verschmutzen, versenken, versöhnen, verstellen, verstopfen, vertreiben, verwandeln, verwehen, verwesen, verwittern.*

1) Der Name des Toten war kaum zu lesen, denn der alte Grabstein war stark ____________.
2) Das Mädchen wurde von der Hexe in eine Kröte ____________.
3) Die wirtschaftliche Lage des Landes hat sich trotz der optimistischen Prognosen weiter ____________.
4) Der Mord mußte vor mehreren Wochen verübt worden sein, denn die Leiche war schon stark ____________.
5) Am Freitagmorgen verschlief Stefan, weil jemand seinen Wecker ____________.
6) Diese Methoden waren zu Beginn unseres Jahrhunderts durchaus brauchbar; heute sind sie ____________.
7) Die Scheiben müssen geputzt werden; sie sind schon ganz ____________.
8) Der Kranke wurde auf die Intensivstation der Klinik gebracht, da sich sein Zustand ____________.
9) Bei den Jugendlichen zeigte sich, daß ihre Phantasie durch ständigen Fernsehkonsum ganz ____________.
10) Von dem Fleisch ist nichts mehr da; man hat es zu Wurst ____________.
11) Wenn das Wasser so langsam aus der Badewanne fließt, ist sicher der Abfluß ____________.
12) Infolge der großen sozialen Umwälzungen* waren viele ehemals reiche Familien ____________.
13) An eine Verfolgung der Diebe war nicht zu denken; ein Schneesturm hatte alle Spuren ____________.
14) Das rasche Tempo des Fortschritts hat sich ____________.
15) Der Hund hat die Katze von dem Grundstück ____________.
16) Im Krieg wurden zahllose Schiffe durch Torpedos ____________.
17) Nach blutigen Auseinandersetzungen haben sich die verfeindeten Volksgruppen wieder ____________.
18) Früher war er so ein offener Mensch; seit jenem Erlebnis ist er ganz ____________.
19) Wahrscheinlich kommt ein Gewitter; der Himmel hat sich ____________.
20) Diese alten Geldscheine mußt du bei der Bank umtauschen; sie sind längst ____________.

* Umwälzung, -en = grundlegende Veränderung

➔➔ 142

## 47 Auseinanderbewegung: Vorsilbe zer- ✖

Die Vorsilbe *zer-* bedeutet eine Veränderung eines Ganzen in Teile, eine Bewegung „auseinander".

Setzen Sie in der untenstehenden Übung die folgenden Verben ein: *zerbeißen, zerbrechen* (2x), *zerdrücken, zerfallen, zerfetzen, zerfressen, zergehen, zerkleinern, zerknittern, zerkratzen, zerlegen, zerreißen, zerrinnen, zerschellen, sich zerschlagen, zerschneiden, zersetzen, zerstechen, zerstören, sich zerstreiten, sich zerstreuen, zertreten.*

1) Beim Abwaschen ist mir ein schönes Bierglas ____________.

2) Unsere Hoffnungen haben sich leider ____________.

3) Anja hat den Brief vor Wut in tausend Fetzen ____________.

4) Der kleine Junge hat das Foto mit der Schere ____________.

5) Im Krieg wurden viele Fabriken durch Bomben ____________.

6) Die Katze hat mir mit ihren Krallen den Arm ____________.

7) Das Fleisch ist so zart, daß es einem auf der Zunge ____________.

8) Plutonium ist nicht stabil; aber es dauert Hunderttausende von Jahren, bis es ____________.

9) Die Motten haben meinen schönen Pelz ____________.

10) Der Hund hat das Seil mit den Zähnen ____________.

11) Thomas hat das Gerät in seine Einzelteile ____________.

12) Durch die Bombe wurde das Auto völlig ____________.

13) Im Sturm ist das Schiff an den Felsen ____________.

14) Er hat das Insekt mit dem Fuß ____________.

15) Durch das Schlangengift wird das Blut ____________.

16) Die Köchin hat die weichen Kartoffeln mit der Gabel ____________.

17) Pack nicht zu viel in den Koffer, damit die schönen Kleider nicht völlig ____________.

18) Die großen Stücke soll man vor dem Kochen ____________.

19) Als die Polizei auf dem Platz eintraf, hatte sich die Menschenmenge bereits ____________.

20) Ich werde schon eine Lösung finden; du brauchst dir nicht den Kopf zu ____________.

21) Er kratzte sich unaufhörlich; die Mücken hatten ihn ganz ____________.

22) Die Nachbarn sprechen kein Wort miteinander; sie sind seit Wochen völlig ____________.

23) Als nach zwei Monaten von seinem Lottogewinn nichts mehr übrig war, sagte seine Mutter: „Wie gewonnen, so ____________."

## 48–51 Verben mit trennbaren und untrennbaren Vorsilben

### 48 Teilung, Durchdringung, Vollendung: Vorsilbe durch-

Die Vorsilbe *durch-* kann sowohl fest als auch trennbar sein. In der untrennbaren Form entsteht die Bedeutung einer Bewegung durch eine Person oder einen Gegenstand hindurch, ohne ein „Loch" in dem betreffenden Gegenstand zu hinterlassen, d.h. meist im übertragenen Sinn (*durch'schauen, durch'denken*) . Ist *durch-* trennbar, so bedeutet es

a) die Teilung eines Gegenstandes in zwei Teile (*'durchbrechen, 'durchschneiden*),
b) eine zielgerichtete Bewegung „in etwas hinein und wieder hinaus" (*'durchkriechen, 'durchregnen*), oder
c) die Dauer und den Abschluß einer Tätigkeit (die Nacht *'durchschlafen*, den ganzen Tag *'durcharbeiten*).

1) Das dünne Brett ist unter seinem Gewicht *(durchbrechen)* __________________.
2) Die Idee einer neuen, menschlicheren Pädagogik hat ihn völlig *(durchdringen)* __________________.
3) Das Band muß in der Mitte *(durchschneiden)* __________________.
4) Wir hatten nur wenig Zeit für das Museum und sind in einer halben Stunde *(durchlaufen)* __________________.
5) Du kannst mein Fernglas nehmen; ich habe schon *(durchschauen)* __________________.
6) Ich wußte nicht, wo das Kino war, habe mich aber ohne Schwierigkeiten *(durchfragen)* __________________.
7) Seid ihr wirklich die ganze Strecke in einem Tag *(durchfahren)* __________________?
8) Tina hat wie üblich ihren Willen *(durchsetzen)* __________________.
9) Das Gebäude wurde nach Waffen *(durchsuchen)* __________________.
10) Die Demonstranten haben die polizeiliche Absperrung *(durchbrechen)* __________________.
11) Mich kann er nicht täuschen; ich habe seine Pläne *(durchschauen)* __________________.
12) Während seines Betriebspraktikums hat der Student alle Abteilungen *(durchlaufen)* __________________.
13) Habt ihr im Unterricht schon die unregelmäßigen Verben *(durchnehmen)* __________________?
14) Am Morgen war er mit dem Artikel fertig; er hatte die ganze Nacht *(durchschreiben)* __________________.
15) Sie schien ihn mit ihrem Blick *(durchbohren)* __________________.
16) Gestern haben wir keine Mittagspause gemacht, sondern *(durcharbeiten)* __________________.
17) Ihr Vorhaben ist wirklich gut *(durchdenken)* __________________.
18) Er hat in seinem Leben viel Schreckliches *(durchmachen)* __________________.
19) Der Arzt bat den Patienten, einige Male kräftig *(durchatmen)* __________________.
20) Haben Sie schon einmal ein Paar Schuhe in einer Nacht *(durchtanzen)* __________________?

## 49 Überwindung von Zuständen und Grenzen: Vorsilbe über-

In ihrer festen Form hat die Vorsilbe *über-* folgende Bedeutungen:
a) Handlungen, die räumlich höher verlaufen (*über'schauen, über'blicken),* b) Überschreiten einer Norm (*über'treffen, über'treiben*), c) Verbesserung, nochmalige Beschäftigung mit einer Sache (*über-'arbeiten, über'denken*), d) Übergang im übertragenen Sinn (*über'setzen, über'tragen*).

In seiner trennbaren Form bedeutet *über-*
a) die Bewegung von einer Seite auf die andere, b) eine Bewegung über einen Rand (*'überlaufen*) oder einen anderen Gegenstand (*'überziehen*).
Leider gibt es zahlreiche Ausnahmen von diesen Regeln.

1) An sonnigen Tagen sind die Ausflugslokale am See alle *(überfüllen)* ______________________.
2) Man wird erst in einigen Wochen in der Lage sein, das viele Material *(überblicken)* ______________________.
3) Außer ihm wurden alle nach ihrer Meinung gefragt, und er fühlte sich *(übergehen)* ______________________.
4) Das verdächtige Lokal wird schon seit längerem von der Polizei *(überwachen)* ______________________.
5) Der Fischer versprach den Fremden, sie noch am selben Tag ans andere Ufer *(übersetzen)* ______________________.
6) Alfons sieht erschöpft aus; er hat sich in letzter Zeit offensichtlich *(überarbeiten)* ______________________.
7) Keiner kann ihn davon abhalten, aus der konservativen in die liberale Partei *(übertreten)* ______________________.
8) Der Professor bat den Studenten, einige Teile seiner Dissertation *(überarbeiten)* ______________________.
9) Es ist gar nicht möglich, Gisela mit ihren roten Haaren *(übersehen)* ______________________.
10) Gemäß dem Kaufvertrag ist das Haus in seinen Besitz *(übergehen)* ______________________.
11) Die Meuterei hatte sich rasch ausgebreitet und auf andere Truppenteile *(übergreifen)* ______________________.
12) Ich hatte vergessen, den Herd abzuschalten, und die Milch war *(überlaufen)* ______________________.
13) Der Roman des kolumbianischen Schriftstellers wurde in zahlreiche Sprachen *(übersetzen)* ______________________.
14) Die Rechnung war so hoch, daß er gezwungen war, sein Bankkonto *(überziehen)* ______________________.
15) Wenn ein Soldat die Front gewechselt hat, sagt man, er ist zum Feind *(überlaufen)* ______________________.
16) Haben Sie das Rundfunkkonzert auf Cassette *(überspielen)* ______________________?
17) Beim Lesen des Briefs hatte er vor Ungeduld ständig Zeilen *(überspringen)* ______________________.
18) Das Ergebnis hat unsere Erwartungen weit *(übertreffen)* ______________________.
19) Ich rate Ihnen, sich vor der Fahrt etwas Wollenes *(überziehen)* ______________________.
20) Mit 23 Jahren hat er das elterliche Geschäft *(übernehmen)* ______________________.

## 50 *Umfassende Bewegung und Veränderung: Vorsilbe* um-

*um-* als feste Vorsilbe bedeutet eine Bewegung 'um etwas herum' (*um'geben, um'fassen*); in seiner trennbaren Form bedeutet *um-* eine Veränderung des Objekts in seiner Lage, Form, Zusammensetzung usw. (*'umarbeiten, 'umformen*).

1) Der Radfahrer bremste sehr spät und hätte den Fußgänger fast *(umfahren)* ______________.
2) Die Präsidentin wurde von Mitgliedern ihrer eigenen Leibwache *(umbringen)* ______________.
3) Der Schmuggler versuchte, die scharfen Grenzkontrollen *(umgehen)* ______________.
4) Das Raumschiff hat die Erde inzwischen über hundertmal *(umkreisen)* ______________.
5) Der Fotograf bat das Modell, sich *(umdrehen)* ______________.
6) Der Forscher beschloß, die Insel nicht zu betreten, sondern sie erst einmal *(umfahren)* ______________.
7) Versuchen Sie, das Fremdwort mit anderen Worten *(umschreiben)* ______________.
8) Unter dem neuen Chef begann die Firma, ihre Produktion auf modische Artikel *(umstellen)* ______________.
9) Zum Abschied hatten sie sich lange *(umarmen)* ______________.
10) Auf Anordnung des Staatschefs wurden die Todesurteile in Haftstrafen *(umwandeln)* ______________.
11) Als Lehrer müßte er die Fähigkeit besitzen, mit Jugendlichen *(umgehen)* ______________.
12) Für eine Flucht war es zu spät; sein Versteck war von allen Seiten *(umstellen)* ______________.
13) Da der Brief zu unhöflich klang, hat ihn Hans noch einmal *(umschreiben)* ______________.
14) Der Garten war von einem Holzzaun *(umgeben)* ______________.
15) Kaum hatte der Sänger die Bühne verlassen, war er von Autogrammjägern *(umringen)* ______________.
16) Der Kanzler hat das Kabinett *(umbilden)* ______________.
17) Der Direktor erinnerte daran, daß die Bibliothek vor dem Krieg eine Million Bände *(umfassen)* ______________.
18) Beim Aufstehen hat sie ein volles Glas *(umstoßen)* ______________.
19) Es ist gar nicht so leicht, Lira in Mark *(umrechnen)* ______________.
20) Der Verletzte merkte nicht, daß ihn zahlreiche Neugierige *(umstehen)* ______________.
21) Als erstes begann Kristina, die Bilder im Zimmer nach ihrem Geschmack *(umhängen)* ______________.
22) Ein heftiger Sturm hatte das Festzelt *(umreißen)* ______________.
23) So kurz vor dem Ziel hatte niemand Lust *(umkehren)* ______________.

## 51 *Behinderung und Unterordnung: Vorsilbe* unter-

Als feste Vorsilbe bedeutet *unter-* Behinderung (*unter'drücken, unter'lassen*). Die trennbaren Formen bedeuten meist eine Bewegung, die tiefer gerichtet ist (*'untertauchen, sich 'unterstellen*). Auch hier finden sich viele idiomatische Formen.

1) Wir saßen noch auf dem Balkon, als die Sonne längst *(untergehen)* ____________________.
2) Er wagte nicht, das Gespräch seiner Gäste *(unterbrechen)* ____________________.
3) Alle Adjektive im Text sollen von den Schülern *(unterstreichen)* ____________________.
4) Bis Sie ein Zimmer finden, will ich versuchen, Sie bei Verwandten *(unterbringen)* ____________________.
5) Die Sitzbank war sehr hart, und so haben wir der alten Frau ein Kissen *(unterschieben)* ____________________.
6) Sie ist ein unabhängiger Mensch, und es fällt ihr schwer, sich *(unterordnen)* ____________________.
7) In Diktaturen wird jede Art der freien Meinungsäußerung *(unterdrücken)* ____________________.
8) Er hofft, nach Abschluß der Lehre bei einer Elektronikfirma *(unterkommen)* ____________________.
9) Trotz ihrer Hilferufe gelang es dem Taschendieb, in der Menge *(untertauchen)* ____________________.
10) Bei dieser schwachen Beleuchtung ist es unmöglich, die Gegenstände *(unterscheiden)* ____________________.
11) Der Schwimmer merkte zu seinem Schrecken, daß er die Entfernung zum Ufer *(unterschätzen)* ____________________.
12) Der Redner hatte die Zuhörer gebeten, Zwischenrufe *(unterlassen)* ____________________.
13) Schon fielen die ersten Tropfen, und sie lief rasch zu der Buche, um *(sich unterstellen)* ____________________.
14) Als erstes fiel der jungen Frau auf, daß die seltsame Karte nicht *(unterschreiben)* ____________________.
15) Bei der Bedienung des Geräts war dem Ingenieur ein schwerer Fehler *(unterlaufen)* ____________________.
16) Im Labor wurde die unbekannte Substanz auf ihre Zusammensetzung *(untersuchen)* ____________________.
17) Hätten Sie nicht Lust, Ihre Muttersprache *(unterrichten)* ____________________?
18) Zum Glück ist er in einer kleinen Pension *(unterkommen)* ____________________.
19) Um die teure Wohnung halten zu können, hat sie ein Zimmer *(untervermieten)* ____________________.
20) Hattet ihr Gelegenheit, euch über die Ausstellung *(unterhalten)* ____________________?
21) In der freien Wirtschaft versuchen Billiggeschäfte, einander im Preis *(unterbieten)* ____________________.
22) Man riet dem Patienten, sich einer psychiatrischen Behandlung *(unterziehen)* ____________________.

# Feste Nomen-Verb-Verbindungen

Es gibt im Deutschen sehr viele feststehende Nomen-Verb-Verbindungen. Das Nomen steht entweder im Akkusativ *(Hilfe leisten)* oder ihm wird eine Präposition vorangestellt *(zur Diskussion stellen).* Das Verb hat seine ursprüngliche Bedeutung fast völlig verloren. Die Nomen-Verb-Verbindung erhält nur als feststehender Ausdruck ihre spezielle Bedeutung. Diese teilweise idiomatischen Wendungen erlauben eine präzise Ausdrucksweise und bedürfen ständiger Übung.

## 52

Setzen Sie in den folgenden Übungen die Verben *bringen, führen, gehen, kommen, leisten, machen, nehmen, stellen, treiben* oder *wissen* ein. Der Ausdruck in Klammern stellt jeweils die Bedeutung der folgenden festen Verbindung vor.

**Beispiel:** *(etwas gerne tun)* Zwinge ihn nicht mitzugehen, wenn er keine *Lust hat.*

1) *(ausgeschlossen sein)* Als Partner für uns dürfte Fa. Auer kaum *in Frage* … ________________.
2) *(sich erfüllen)* Else ist so naiv zu glauben, all ihre Wünsche würden *in Erfüllung* … ________________.
3) *(zu arbeiten beginnen)* Die Feier war so schön, daß keiner Lust hatte, wieder *an die Arbeit* zu … ________________.
4) *(kontrollieren)* Durch den Einsatz der Armee versucht die Regierung, die Insel *unter ihre Kontrolle* zu … ________________.
5) *(sich mit Sport beschäftigen)* In seiner Jugend hat er viel *Sport* … ________________.
6) *(informiert sein)* Hör gut zu, damit du morgen *Bescheid* … ________________.
7) *(beeindrucken)* Mit solchen Argumenten werden Sie auf die Jugend kaum *Eindruck* … ________________.
8) *(beginnen)* Der Ingenieur will nun das Projekt *in Angriff* … ________________.
9) *(miteinander handeln)* Viele können nicht verstehen, daß politisch verfeindete Staaten miteinander *Handel* … ________________.
10) *(beantragen)* Der Student hat *einen Antrag* auf ein Stipendium … ________________.
11) *(kennenlernen)* Ich würde gern *die Bekanntschaft* von Frau Pohl … ________________.
12) *(enden)* Unser Ausflug hätte fast *ein* tragisches *Ende* … ________________.
13) *(unsicher, zweifelhaft machen)* Durch sein Nein hat er den ganzen Plan *in Frage* … ________________.
14) *(helfen)* Die Teilnehmer des Kurses sollen lernen, wie man nach Unfällen *Erste Hilfe* … ________________.
15) *(sich unterhalten)* Die Minister haben *ein* längeres *Gespräch* unter vier Augen … ________________.

# 53 Feste Nomen-Verb-Verbindungen

Setzen Sie in der folgenden Übung die Verben *gehen, geraten, halten, kommen, legen, machen, nehmen, schließen, sein, setzen, spielen, stehen* oder *stellen* ein.

1) *(eine andere Meinung haben)* Es ist bekannt, daß die Parteiführung in dieser Frage *auf einem* ganz *anderen Standpunkt* … ____________________.
2) *(für wichtig halten)* Vergessen Sie nicht, daß der neue Chef auf Pünktlichkeit *allergrößten Wert* … ____________________!
3) *(schweigen)* Niemand darf von der Sache erfahren, und ich hoffe, daß auch du *den Mund* … ____________________.
4) *(suchen)* Abends merkte er, daß die Katze weg war, doch es war schon zu spät, sich *auf die Suche* zu … ____________________.
5) *(modern werden)* Wirf den alten Rock nicht weg! Er wird sicher wieder einmal *in Mode* … ____________________.
6) *(in eine schwierige Lage kommen)* Die Familie des Künstlers war ohne eigene Schuld *in* bittere *Not* … ____________________.
7) *(nicht wichtig sein)* Er hat schon wieder ein neues Auto! Geld scheint bei ihm *keine Rolle* zu … ____________________.
8) *(sich verabschieden)* Der Zug stand da, und wir mußten *Abschied* … ____________________.
9) *(Kontakt aufnehmen)* Sie müssen sich mit dem zuständigen Beamten *in Verbindung* … ____________________.
10) *(losgehen, weggehen)* Er hielt sich bei Familie Menzel nicht lange auf, denn er wollte *sich* gleich *auf den Weg* … ____________________.
11) *(sich an etwas / jemandem orientieren)* Dein Bruder läßt sich nicht aus der Ruhe bringen. Du könntest dir an ihm *ein Beispiel* … ____________________.
12) *(der nächste sein)* Wissen Sie zufällig, wer jetzt *an die Reihe* … ____________________?
13) *(Freunde werden)* Die beiden Jungen hatten sofort *Freundschaft* … ____________________.
14) *(lästig, unangenehm sein)* Sie haben keine Ahnung, wie mir manche Übungen *auf die Nerven* … ____________________.
15) *(geboren werden)* Ich weiß von ihm nur, daß er in Wien *zur Welt* … ____________________.
16) *(nicht sprechen lassen)* Die Meinung von Herrn Knaus erfuhren wir leider nicht, denn man *ließ* ihn einfach *nicht zu Wort* … ____________________.

# 54 Feste Nomen-Verb-Verbindungen

Setzen Sie in den folgenden Übungen die Verben *ausüben, ergreifen, erheben, erleiden, fassen, geraten, machen, nehmen, stellen, treffen* oder *werfen* ein.

1) *(verlieren)* Man rechnet damit, daß die Eishockeymannschaft in ihrem morgigen Spiel *eine Niederlage* … ________________.
2) *(anfangen zu brennen)* Bei dem Feuer waren auch Lagerhäuser *in Brand* … ________________.
3) *(für sich verwenden)* Ich möchte Ihre Zeit nicht länger *in Anspruch* … ________________.
4) *(sich entscheiden)* Das Parlament hat in dieser Frage *einen Beschluß* … ________________.
5) *(fast versprechen)* Dem Wissenschaftler wurde eine längerfristige staatliche Unterstützung *in Aussicht* … ________________.
6) *(da sein)* Sie wissen ja, daß ich Ihnen für Fragen jederzeit *zur Verfügung* … ________________.
7) *(sich nicht beeilen)* Dr. Wolf ist ein Arzt, der sich für jeden Patienten *Zeit* … ________________.
8) *(sich für einen Beruf entscheiden)* Sie wollte Schauspielerin werden, doch ihre Eltern warnten sie davor, *diesen Beruf* zu … ________________.
9) *(sich entscheiden)* Der Senat hat nach längerer Diskussion *eine Entscheidung* … ________________.
10) *(anklagen)* Im Mordfall XY wurde jetzt gegen zwei Verdächtige *Anklage* … ________________.
11) *(offiziell eröffnen)* Das neue Heizkraftwerk wurde gestern offiziell *in Betrieb* … ________________.
12) *(hinsehen)* Sie stellte sich auf Zehenspitzen, um *einen Blick* durch das geöffnete Fenster zu … ________________.
13) *(sich in eine Richtung bewegen)* Man beobachtete, daß das Flugzeug nach dem Start *Kurs* auf Berlin … ________________.
14) *(sich vorbereiten)* Man begann, *Vorbereitungen* für die Landung der Raumfähre zu … ________________.
15) *(etwas zu tun geben)* Von Tag zu Tag wurden den Schülern schwierigere *Aufgaben* … ________________.
16) *(sich sorgen)* Ich schaffe das; um mich braucht ihr euch keine *Sorgen* zu … ________________.
17) *(mit der Arbeit aufhören)* Wir haben heute genug gearbeitet; ich finde, wir sollten *Feierabend* … ________________.

## 55 Feste Nomen-Verb-Verbindungen ✖

In den folgenden drei Übungen ist jeweils die ganze Nomen-Verb-Verbindung einzusetzen. Verdecken Sie dazu die rechte Seite des Blattes. Sollte Ihnen das noch Schwierigkeiten bereiten, so können Sie die Übungen wie bisher machen.

In dem Fall setzen Sie in der folgenden Übung die Verben *aufnehmen, ausüben, bieten, sich ergeben, gelangen, herrschen, kommen, leisten, nehmen, tragen, treffen, treten, üben, sich versetzen, werden* oder *ziehen* ein.

| | | |
|---|---|---|
| 1) *(möglich sein)* Er mußte sie jetzt fragen, denn er wußte nicht, ob sich später | *eine Gelegenheit* | ____________ . |
| 2) *(Geld leihen)* Zur Finanzierung des Hausbaus mußte er bei der Bank ... | *einen Kredit* | ____________ . |
| 3) *(sich vorstellen, man wäre ein anderer)* Du wirst mich erst verstehen, wenn du dich ... | *in meine Lage* | ____________ . |
| 4) *(wählen)* Alle Angebote sind günstig, und es ist schwer, ... | *eine Auswahl* zu | ____________ . |
| 5) *(aufhören zu funktionieren)* Der Verkehr war wegen der starken Schneefälle völlig ... | *zum Erliegen* | ____________ . |
| 6) *(mit jemandem zusammen sein)* Wir haben beide denselben Weg. Darf ich Ihnen ... | *Gesellschaft* | ____________ ? |
| 7) *(fehlen)* Karitative Organisationen helfen immer dort, wo ... | *Mangel* | ____________ . |
| 8) *(die Folgen einer Handlung tragen)* Der Minister war wegen eines Skandals zurückgetreten und hatte damit ... | *die Konsequenzen* | ____________ . |
| 9) *(bezahlen)* Der Zaun muß repariert werden. Wer wird dafür ... | *die Kosten* | ____________ . |
| 10) *(gültig werden)* Man rechnet damit, daß das neue Gesetz mit Jahresbeginn ... | *in Kraft* | ____________ . |
| 11) *(zu etwas zwingen wollen)* Totalitäre Regime versuchen, auf Schriftsteller ... | *Druck* | ____________ . |
| 12) *(kritisieren)* Es war uns unverständlich, daß niemand an seiner Kandidatur ... | *Kritik* | ____________ . |
| 13) *(immer mehr belasten)* Die vielen Verpflichtungen in der Firma waren ihr ... | *zur Last* | ____________ . |
| 14) *(etwas akzeptieren)* Die Kurse sind so gut, daß ich die hohen Kursgebühren gern ... | *in Kauf* | ____________ . |

## 56 Feste Nomen-Verb-Verbindungen ✖

Setzen Sie in der folgenden Übung die Verben *begehen, bestehen, bringen, ergeben, ergreifen, erweisen, geraten, kommen, leisten, nehmen, schenken, schöpfen, stoßen, treffen, treten, übernehmen* oder *verüben* ein.

| | | | |
|---|---|---|---|
| 1) | *(kritisiert werden)* Die Verteuerung des Benzins ist bei den Autofahrern ... | *auf Kritik* | ______________ . |
| 2) | *(achten, respektieren)* Die Verkehrsteilnehmer sollten aufeinander mehr ... | *Rücksicht* | ______________ . |
| 3) | *(über etwas zu sprechen beginnen)* Bei der Versammlung wurde auch die Finanzlage des Vereins ... | *zur Sprache* | ______________ . |
| 4) | *(etwas Kriminelles tun)* Die Polizei befürchtet, daß der entflohene Häftling wieder ... | *ein Verbrechen* | ______________ . |
| 5) | *(handeln, um einen bestimmten Zweck zu erreichen)* Angesichts der Wohnungsnot hat die Regierung drastische ... | *Maßnahmen* | ______________ . |
| 6) | *(einen Streik beginnen)* Gestern sind die Metallarbeiter in mehreren Betrieben ... | *in Streik* | ______________ . |
| 7) | *(verantwortlich sein)* Man suchte einen Projektleiter, doch kein Mitarbeiter wollte ... | *die Verantwortung* | ______________ . |
| 8) | *(seine Meinung sagen)* Der Direktor wollte zu dem Vorschlag nicht sofort ... | *Stellung* | ______________ . |
| 9) | *(aufmerksam werden)* Die Putzfrau stahl so geschickt, daß der Chef lange Zeit keinen ... | *Verdacht* | ______________ . |
| 10) | *(vergessen werden)* Es wird berichtet, daß J.S. Bach nach seinem Tod zunächst ... | *in Vergessenheit* | ______________ . |
| 11) | *(möglich werden)* Warten Sie mit dem Gespräch, bis sich ... | *eine Möglichkeit* | ______________ . |
| 12) | *(helfen)* Mit ihrer Hilfe haben mir diese lieben Leute ... | *einen Dienst* | ______________ . |
| 13) | *(vertrauen)* Sie ist so ein Mensch, der jedem Unbekannten sofort ... | *Vertrauen* | ______________ . |
| 14) | *(sich wehren)* Der Räuber wurde festgenommen, obwohl er heftigen ... | *Widerstand* | ______________ . |
| 15) | *(zusammenhängen)* Man vermutet, daß zwischen den beiden Vorfällen ... | *ein Zusammenhang* | ______________ . |
| 16) | *(nicht zunehmen)* Die wirtschaftliche Entwicklung ist wegen der Inflation fast ... | *zum Stillstand* | ______________ . |

## 57 Feste Nomen-Verb-Verbindungen ✖

Setzen Sie in der folgenden Übung die Verben *aufbringen, aufnehmen, sich begeben, ergreifen, erregen, erringen, erstatten, fällen, fassen, finden, leisten, melden, nehmen, schenken, schließen, stellen, treffen* oder *ziehen* ein.

1) *(richterlich entscheiden)* Gestern wurde in dem Prozeß *das Urteil* ______________.
2) *(mit der Arbeit beginnen)* Am kommenden Montag wird die Kommission *ihre Tätigkeit* ______________.
3) *(fliehen, flüchten)* Beim Anblick der Touristen hatten die scheuen Tiere *die Flucht* ______________.
4) *(stark auffallen)* Der Konkurs der Firma hat großes *Aufsehen* ______________.
5) *(zum Arzt gehen)* Der Verletzte mußte *sich in ärztliche Behandlung* ______________.
6) *(als Möglichkeit überlegen)* Er hat einen Umzug nach Oslo *in Erwägung* ______________.
7) *(vor Gericht schwören)* Der Zeuge weigerte sich, *einen Eid zu* ______________.
8) *(sich versöhnen)* Die verfeindeten Volksgruppen wollen *Frieden* ______________.
9) *(als positiv empfinden)* Wer weiß, ob Eva an dem Kollegen *Gefallen* ______________.
10) *(siegen)* Im Endspiel hatten die jugoslawischen Handballer *einen Sieg* ______________.
11) *(durch einen Trick überlisten)* Um ihm auf die Schliche zu kommen, mußt du ihm *eine Falle* ______________.
12) *(verstehen)* Ich kann für sein seltsames Verhalten beim besten Willen kein *Verständnis* ______________.
13) *(den Arm heben, um etwas zu sagen)* Wenn du etwas sagen möchtest, mußt du dich *zu Wort* ______________.
14) *(einen Teilbetrag bezahlen)* Der Geschäftsmann bat den Kunden, eine Anzahlung zu ______________.
15) *(beachten)* Es klingelte, doch niemand wollte davon *Notiz* ______________.
16) *(optimistisch sein)* Nach einem Mißerfolg sollte man nicht aufgeben, sondern wieder *Mut* ______________.
17) *(glauben)* Niemand wollte den merkwürdigen Berichten des Reisenden *Glauben* ______________.
18) *(der Polizei melden)* Der Bestohlene wollte sofort *Anzeige* ______________.

## 58 Kästchenrätsel ✖

Mit diesem Rätsel können Sie überprüfen, ob Sie die festen Verbindungen aus den vorigen Übungen noch im Kopf haben. In jeder Zeile ist ein Funktionsverb einzusetzen. Die Buchstaben in den eingerahmten Kästchen ergeben, von unten nach oben gelesen, ein deutsches Sprichwort. (Ö = OE; Ü = UE)

1) Es gelang der Polizei, dem Dieb eine Falle zu ○ .
2) Bei diesem Betrüger ○ kaum jemand Verdacht.
3) Er ○ den Mitarbeitern sein volles Vertrauen.
4) Darf ich Ihnen heute abend Gesellschaft ○ ?
5) Die Regierung hat zu dieser Frage noch nicht Stellung ○ .
6) Es heißt, daß der Stadtrat morgen eine Entscheidung ○ .
7) Zeitungsberichten zufolge ist ein Öltank in Brand ○ .
8) Er reiste viel und ○ viel Sport.
9) Zwischen beiden Kulturen ○ ein enger Zusammenhang.
10) Er mußte lange warten, bis sich eine Gelegenheit ○ .
11) Man ist gespannt, ob die Arbeiter in einen Streik ○ .
12) Der Mord wurde von politischen Extremisten ○.
13) In Diktaturen müssen Politiker Selbstkritik ○ .
14) Alle erwarten, daß er aus dem Skandal die Konsequenzen ○.
15) Jeder Bürger ist verpflichtet, gegen Gewalt Widerstand zu ○ .
16) Schüchterne Menschen ○ sich nie zu Wort.
17) Wenn Pflichten zur Last ○ , hat man zu viele davon.
18) Ich rate dir, dich sofort mit ihm in Verbindung zu ○ !
19) Gesprächigen Menschen fällt es schwer, den Mund zu ○ .
20) Was halten Sie davon, jetzt Feierabend zu ○ ?

**Lösung:** ______________________________

# Subjektive Äußerungen mit und ohne Modalverben

In ihren Grundbedeutungen sagen die Modalverben etwas über das Subjekt des Satzes aus *(Christl kann schwimmen.)*. Diese „objektiven" Bedeutungen sind Ihnen bereits bekannt, sollen jedoch in den nächsten drei Übungen wiederholt werden. Schwieriger und interessanter ist für einen Sprecher die Möglichkeit, mit Hilfe von Modalverben seine persönliche Einschätzung eines Sachverhalts zu geben, z.B. als Vermutung (*Christl kann geschwommen sein.*). Mit diesen sprecherbezogenen Aussagen befassen sich die Übungen 63 bis 75.
Eine systematische Darstellung der Modalverben finden Sie in Anhang B.

## *59–61 Grundbedeutungen von Modalverben*

***59*** Ersetzen Sie die kursiv gedruckten Satzteile durch Ausdrücke mit Modalverben.

**Beispiel:** Er *war nicht imstande*, das *zu* begreifen. *Er konnte das nicht begreifen.*

1) *Ist es nötig, daß* ich die Möbel schon hinaustrage?
2) *Hast* du jetzt wirklich noch *Lust auf* einen Spaziergang?
3) Jeder *hat das Recht*, sich seinen Wohnort zu wählen.
4) *Es ist notwendig, daß* man° den Motor überprüft.
5) *Wären Sie in der Lage*, diese Summe aufzubringen*?
6) Maria *weigerte sich immer*, sich fotografieren zu lassen.
7) Wir werden wohl *gezwungen sein*, einen Anwalt zu nehmen.
8) *War es unumgänglich*, den Spender zu nennen? *(Passiv)*
9) Jeder bemerkt *seine Konzentrationsschwäche. (daß)*
10) Er *hatte keine Neigung*, auf fremde Ratschläge zu hören.
11) *Uns blieb nichts anderes übrig, als* zurückzufahren.
12) Er *war sogar außerstande*, den Löffel zu halten.
13) Nach vier Jahren *gab man ihm die Ausreiseerlaubnis*°.
14) *Es ist vorgeschrieben, daß* man° das Gefäß verschließt.

1) ______
2) ______
3) ______
4) ______
5) ______
6) ______
7) ______
8) ______
9) ______
10) ______
11) ______
12) ______
13) ______
14) ______

* aufbringen (Geld usw.) = zusammenbringen, herbeischaffen

## 60 Grundbedeutungen von Modalverben

1) Er *war gerade dabei*, zu Bett zu gehen, da klingelte es.
2) *Es ist gefährlich*, mit der Operation länger zu warten.
3) *Das fünfte Gebot verbietet, daß* du tötest. *(Bibelsprache)*
4) Er *wußte* sich in jeder Lage *zu* helfen.
5) *Es wäre* jetzt *dumm von dir* aufzugeben. *(Du ...)*
6) *Er*° *will, daß* es seine Kinder einmal leichter haben als er.
7) Man *hat die Pflicht*, Bedürftige zu unterstützen.
8) *Waren* so genaue Kontrollen° wirklich *erforderlich? (man)*
9) *Wir*° *müssen alles tun, damit* sich so ein Unglück nicht wiederholt.
10) Nur Mitgliedern *ist es gestattet*, die Räume zu betreten.
11) Wir *waren* einfach *am Ende unserer Kräfte.*
12) *Wie wäre es, wenn* Sie uns mal wieder besuchten?
13) *Es besteht keine Notwendigkeit*, das Finanzamt zu unterrichten.
14) *Er trägt sich mit dem Gedanken*, einen Verein zu gründen.
15) Man *kann gar nicht anders, als* sie in die Arme zu nehmen.
16) Der Chef *bittet dich*, zu ihm zu kommen. *(Du ...)*
17) *Erlauben Sie, daß* ich Sie ein Stück begleite?
18) Er *ist nicht bereit*, auf das Erbe je zu verzichten.
19) Wenn man ihm zusieht, lacht man, *ob man will oder nicht.*
20) Niemand *hat das Recht*, anderen Leuten Vorschriften zu machen.
21) Sie *hatte* schon immer *den Wunsch* nach Kindern.

1) ______
2) ______
3) ______
4) ______
5) ______
6) ______
7) ______
8) ______
9) ______
10) ______
11) ______
12) ______
13) ______
14) ______
15) ______
16) ______
17) ______
18) ______
19) ______
20) ______
21) ______

## 61 Grundbedeutungen von Modalverben

Ersetzen Sie in den folgenden Sätzen die Modalverben durch andere Ausdrücke.

| Beispiel: | Man konnte ihn nicht überreden. | *Es war unmöglich,* ihn zu überreden. |
|---|---|---|
| | Sie müssen sich an den Vertrag halten. | *Sie sind verpflichtet,* sich an den Vertrag zu halten. |

1) Morgen könntest du mit dem Stadtrat sprechen.
2) Er kann perfekt Arabisch. *(fließend)*
3) Das Geld war verbraucht, und er mußte Kredite aufnehmen.
4) Eltern müssen ihre Kinder zur Schule schicken.
5) Dieses Gerät muß gut gepflegt werden. *(Pflege)*
6) Ich will nicht dauernd dieses Gejammer hören. *(Lust)*
7) Österreich will das Kulturabkommen mit Japan verlängern.
8) Dieter hat sich nie bessern wollen. *(Wille)*
9) Jeder Staatsbürger darf sich frei informieren.
10) Darüber darf ich Ihnen keine Auskunft geben.
11) Welche Getränke darf ich Ihnen anbieten? *(trinken)*
12) Darf ich meinen Freund mitbringen? *(dagegen haben)*
13) Die Kinder durften nicht in der Garage spielen.
14) Ihr sollt zum Direktor kommen. *(sprechen)*
15) Soll ich heute noch damit anfangen? *(erwarten)*
16) Der neue Minister soll den Umweltschutz verbessern. *(Aufgabe)*
17) Sie möchten bitte Herrn Stiehler anrufen.
18) Heute abend möchte ich tanzen gehen.
19) Das Mädchen möchte später einmal Kosmetikerin werden.

1) ______________________________
2) ______________________________
3) ______________________________
4) ______________________________
5) ______________________________
6) ______________________________
7) ______________________________
8) ______________________________
9) ______________________________
10) ______________________________
11) ______________________________
12) ______________________________
13) ______________________________
14) ______________________________
15) ______________________________
16) ______________________________
17) ______________________________
18) ______________________________
19) ______________________________

## 62 Übungsliste zu den sprecherbezogenen Bedeutungen der Modalverben

In den folgenden Übungen wird gezeigt, wie ein Sprecher mit Hilfe von Modalverben seine Sicht eines Sachverhalts präzisieren kann. So kann er zum Beispiel ausdrücken, daß er
a) etwas nicht genau weiß *(Vermutung)*,
b) daß er etwas aus einem Sachverhalt schließt *(Schlußfolgerung)*,
c) daß er etwas aus anderer Quelle erfahren hat *(Weitergabe von Informationen)*,
d) daß er etwas für wünschenswert hält *(Empfehlung)*, oder
e) daß er etwas bedauert *(Nachträgliche Feststellung)*.
Die folgende Liste soll Ihnen helfen, diese Bedeutungen einzuüben.

**Beispiel:** sein (Max / Chef)

a) Vermutung: Max kann (könnte, dürfte, muß, müßte) der Chef sein (gewesen sein).
b) Schlußfolgerung: Max muß (müßte) der Chef sein (gewesen sein).
c) Weitergabe von Informationen: Max soll der Chef sein (gewesen sein).
d) Empfehlung: Max sollte der Chef sein.
e) Nachträgliche (bedauernde) Feststellung: Max hätte der Chef sein sollen.

1) abbiegen (Fahrer / rechts)
2) aufblasen (*Kind* / Ballon)
3) ausbrechen (Feuer / Keller)
4) empfehlen (*Hausherr* / Lokal)
5) entfliehen (drei, Häftlinge)
6) geschehen (etwas)
7) vergleichen (*Dozent* / Ergebnisse)
8) entlassen (*Firma* / Monteur)
9) leiden (viele / unter, Hitze)
10) meiden (*Gäste* / Alkohol)
11) beraten (*Jurist* / Mieter)
12) zerreißen (*Helene* / Bild)
13) senden (*Rundfunk* / Trauermusik)
14) senken (*man* / Energieverbrauch)
15) sinken (Schiff / Mittelmeer)
16) stehlen (*Unbekannter* / Wagen)
17) streichen (*Maler* / Wohnung)
18) vertreten (*Kollege* / Professor)
19) betrügen (*Händler* / Käufer)
20) vergessen (Prüfling / Zahl)
21) aufwachsen (Kind / Dorf)

Wenn das Subjekt kursiv gedruckt ist, lassen sich auch Sätze im Passiv bilden.

**Beispiel:** ablehnen (*man* / Vorschlag)

a) Der Vorschlag kann (könnte, dürfte) abgelehnt werden (worden sein).
b) Der Vorschlag muß (müßte) abgelehnt werden (worden sein).
c) Der Vorschlag soll abgelehnt werden (worden sein).
d) Der Vorschlag sollte abgelehnt werden.
e) Der Vorschlag hätte abgelehnt werden sollen.

## 63 *Vermutungen: Modalverb* können

Ein bestimmter Sachverhalt erscheint dem Sprecher möglich.

| **Beispiele:** | Es ist möglich, daß er im Haus ist. | Er *kann* im Haus sein. |
|---|---|---|
| | Vielleicht hatte sie dort Freunde. | Sie *kann* dort Freunde *gehabt haben.* |

Sollte die Übung Schwierigkeiten bereiten, so empfiehlt es sich, die Sätze zunächst mit *Es kann sein, daß ...* einzuleiten. Betrifft die Vermutung die Vergangenheit, so sollte der Nebensatz im Perfekt gebildet werden: *Es kann sein, daß sie dort Freunde gehabt hat: Sie kann dort Freunde gehabt haben.*

Es ist möglich,

1) daß das Haus mehrere Ausgänge hat.
2) daß ich mich in Herrn Essler getäuscht habe.
3) daß die Karte noch gültig ist.
4) daß man ihn zum Nachgeben zwang.
5) daß sich die Beamtin versprochen hat.
6) daß die Fahrerin den Fußgänger übersehen hat.
7) daß er den Nachbarn um Hilfe gebeten hat.
8) daß die zweite Aufgabe zu schwer war.

1) ____________________
2) ____________________
3) ____________________
4) ____________________
5) ____________________
6) ____________________
7) ____________________
8) ____________________

Der Sprecher hat die Möglichkeit, seine Vermutung noch vorsichtiger auszudrücken (etwa im Sinne von: *Es wäre auch denkbar, daß ...*). In diesem Fall verwendet man das Modalverb in der Konjunktivform *(Er könnte im Haus sein.* Oder: *Sie könnte dort Freunde gehabt haben.).*

Es wäre denkbar,

9) daß man ihn einfach vergessen hat.
10) daß er einen neuen Termin vorschlägt.
11) daß sie von den Kindern erschreckt wurde.
12) daß das Öl schon unterwegs ausgelaufen ist.
13) daß der Spion gewarnt wurde.
14) daß Gunther zur Insel geschwommen ist.
15) daß es dabei zu Schwierigkeiten kommt.
16) daß Sonja eine andere Strecke gefahren ist.

9) ____________________
10) ____________________
11) ____________________
12) ____________________
13) ____________________
14) ____________________
15) ____________________
16) ____________________

## 64 *Vermutungen: Modalverb* dürfen *und Hilfsverb* werden

Untenstehende Sachverhalte erscheinen dem Sprecher nicht glaubhaft; er vermutet genau das Gegenteil. Formulieren Sie Ihre Aussage mit Hilfe des Modalverbs *dürfen.* Ersetzen Sie dabei die Nomen nach Möglichkeit durch Pronomen und verwenden Sie u.a. folgende Wörter: *ausgeben, sich beschweren, bestehen, entkommen, erfüllen, gestehen, verbrauchen, sich verzögern.*

**Beispiel:** Es ist unwahrscheinlich, daß Tim *erst zwanzig ist.* *Er dürfte älter sein.*

Es ist unwahrscheinlich, ...

1) daß er *in der Fahrprüfung durchgefallen ist.*
2) daß der Täter *die Stadt verlassen hat. (sich aufhalten)*
3) daß man ihr diese Bitte *abschlug.*
4) daß Herr Huber *noch arbeitslos ist. (Stelle)*
5) daß sie dieses Geld *gespart hat.*
6) daß Gerda *schon aufgestanden ist. (Bett)*
7) daß der Direktor alle Vorschläge *abgelehnt hat.*
8) daß Frl. Baur *immer noch studiert. (Studium)*

1) ______________________________
2) ______________________________
3) ______________________________
4) ______________________________
5) ______________________________
6) ______________________________
7) ______________________________
8) ______________________________

Vermutungen mit dem Hilfsverb *werden* haben die gleiche Bedeutung wie mit dem Modalverb *dürfen: Tim wird älter sein.* Vermuten Sie jetzt mit dieser Formulierung das Gegenteil.

Es ist unwahrscheinlich,

9) daß die Passagiere *den Absturz überlebt haben. (ums Leben kommen)*
10) daß der Angeklagte die Tat *geleugnet hat.*
11) daß man alle Affen *wieder einfangen konnte. (Einige ...)*
12) daß noch Konserven *übrig sind. (Alle ...)*
13) daß er seinen Aufenthalt *abgekürzt hat. (sogar)*
14) daß der Betrüger *wartete, bis man ihn verhaftete.*
15) daß *es Toni war, den du im Kino*° *gesehen hast. (verwechseln)*
16) daß die Ware° *pünktlich geliefert wurde. (Lieferung)*

9) ______________________________
10) ______________________________
11) ______________________________
12) ______________________________
13) ______________________________
14) ______________________________
15) ______________________________
16) ______________________________

## 65 *Schlußfolgerungen: Modalverb* können

Der Sprecher betont, daß die untenstehenden Sachverhalte nicht wahr sein können.

**Beispiel:** *Es kann nicht sein, daß er dazu geschwiegen hat.*

Es ist unmöglich,

1) daß ich mich in der Nummer geirrt habe.
2) daß er das aus Haß getan hat.
3) daß dieses Gedicht von Goethe stammt.
4) daß ihr so viele Möglichkeiten hattet.
5) daß diese Briefe einfach verschwunden sind.

1) ______________________________
2) ______________________________
3) ______________________________
4) ______________________________
5) ______________________________

Sie können das noch kürzer ausdrücken:

| | | |
|---|---|---|
| **Beispiel:** | Es ist unmöglich, daß sie schon da ist. | Sie *kann* noch nicht da *sein.* |
| | Es ist unmöglich, daß er dazu schwieg. | Er *kann* dazu nicht *geschwiegen haben.* |

Es ist unmöglich,

6) daß solche Fehler geschehen sind.
7) daß ihm so ein Mißgeschick passiert ist.
8) daß jemand von uns die Uhr gestohlen hat.
9) daß er den Hund losgebunden hat.
10) daß sie an der Tür gehorcht hat.
11) daß Verena etwas von den Sachen genommen hat.
12) daß ihr zwei Stunden° unterwegs gewesen seid.
13) daß das Programm verkürzt wurde.
14) daß die Entscheidung an ihm gelegen hat.
15) daß sie die Trennung gewollt hat.
16) daß ihr dieses Foto gefallen hat.
17) daß es sich um eine Fälschung handelt.
18) daß aus diesem Gefängnis jemand geflüchtet ist.
19) daß aus diesem verrückten° Plan etwas geworden ist.

6) ______________________________
7) ______________________________
8) ______________________________
9) ______________________________
10) ______________________________
11) ______________________________
12) ______________________________
13) ______________________________
14) ______________________________
15) ______________________________
16) ______________________________
17) ______________________________
18) ______________________________
19) ______________________________

## 66 ***Schlußfolgerungen: Modalverb*** müssen ✖

Ein bestimmter Sachverhalt erscheint dem Sprecher unvorstellbar. Er zieht den Schluß, daß ein anderer Sachverhalt wahrscheinlicher ist. Dieser Schluß wird mit dem Modalverb *müssen* ausgedrückt.

**Beispiel:** Es ist unvorstellbar, daß Ilona *mitfuhr. (zu Hause) Sie muß zu Hause geblieben sein.*

Es ist unvorstellbar,

1) daß der Kühlschrank *erst im Juni* bezahlt wurde.
2) daß er *durch die Eingangstür gekommen ist. (Garten, schleichen)*
3) daß das Tor *von allein aufgegangen ist. (öffnen)*
4) daß er *das Geräusch nicht gehört hat. (schwerhörig)*
5) daß die Tat *nur von einem* ausgeführt wurde.
6) daß die Schülerin den Aufsatz *allein geschrieben hat. (helfen)*
7) daß sich die beiden *in unserer Wohnung* trafen.
8) daß sie diese Arbeit *geliebt hat.*
9) daß er sich *nur ein einziges Mal* gemeldet hat.

1) ______
2) ______
3) ______
4) ______
5) ______
6) ______
7) ______
8) ______
9) ______

Dasselbe können Sie auch als Vermutung ausdrücken:

a) mit *bestimmt (Bestimmt ist Marianne zu Hause geblieben.)*,
b) mit *auf keinen Fall (Marianne ist auf keinen Fall mitgefahren.)* und
c) mit *können (Es kann nicht sein, daß Marianne mitfuhr.* Oder: *Marianne kann nicht mitgefahren sein.*).

Es ist unvorstellbar,

10) daß Helene *schon um elf Uhr* dort war. *(kommen)*
11) daß man ihm *keine Bücher*○ geliehen hat.
12) daß der Handwerker *nur 80 Mark* haben wollte. *(verlangen)*
13) daß er *allein* hinter das Geheimnis gekommen ist. *(verraten; Passiv)*
14) daß er sich so teure Hemden *geleistet hat. (schenken; Passiv)*
15) daß das Päckchen *schon geöffnet* war.
16) daß die Möbel *immer schon so standen. (jemand, umstellen)*
17) daß man sich *nirgends* informieren kann.

10) ______
11) ______
12) ______
13) ______
14) ______
15) ______
16) ______
17) ______

## 67 **Behauptungen: *Modalverb*** wollen ***und Infinitivkonstruktionen mit*** zu

Der Sprecher bezweifelt, daß die Äußerungen einer bestimmten Person der Wahrheit entsprechen. Dieser Zweifel wird mit Hilfe des Modalverbs *wollen* ausgedrückt.

**Beispiel:** Sie behauptet: „Ich habe den Namen nicht verstanden."
*Sie will den Namen nicht verstanden haben.*

Vor dem Richter behauptet die Angeklagte:

1) „Ich bin gerade vom Arzt gekommen."
2) „Ich habe unter schrecklichen Kopfschmerzen gelitten."
3) „Ich bin zufällig an der Parfümerie vorbeigegangen."
4) „Ich war früher oft in diesem Geschäft."
5) „Die Verkäuferin habe ich gut gekannt."
6) „Ich habe an dem Parfüm nur gerochen."
7) „Ich hatte keine Ahnung, daß es das teuerste war."
8) „Das Fläschchen habe ich versehentlich eingesteckt."
9) „Das habe ich aber erst in der U-Bahn bemerkt."

Sie will ...

1) ______
2) ______
3) ______
4) ______
5) ______
6) ______
7) ______
8) ______
9) ______

Bilden Sie auch Infinitivkonstruktionen nach dem Muster: *Sie behauptet, den Namen nicht verstanden zu haben.*

10) „Ich bin furchtbar erschrocken."
11) „Ich habe mir schreckliche Vorwürfe gemacht."
12) „Ich habe noch vor Geschäftsschluß angerufen."
13) „Leider habe ich niemand mehr erreicht."
14) „Vor lauter Aufregung bin ich ohnmächtig geworden."
15) „Am nächsten Morgen habe ich von nichts mehr gewußt."
16) „Ich bin doch der ehrlichste Mensch der Stadt!"
17) „Ich habe nie etwas gestohlen."

Sie behauptet, ...

10) ______
11) ______
12) ______
13) ______
14) ______
15) ______
16) ______
17) ______

## 68 *Weitergabe von Informationen: Modalverb* sollen

Die folgenden Sätze enthalten Sachverhalte, die man nicht selbst, sondern von anderen Leuten, aus der Zeitung usw. erfahren hat. Äußerungen dieser Art werden im Deutschen oft mit dem Wort *angeblich* eingeleitet.

**Beispiel:** *In dem Brief steht, daß* das Fest im Freien stattgefunden hat.
*Angeblich hat* das Fest im Freien *stattgefunden.*

1) *Die Leute sagen, daß* der älteste Sohn Buchbinder geworden ist.
2) *Es wird behauptet, daß* der Manager in dem Interview gelogen hat.
3) *Es wurde bekannt, daß* die Vorarbeiten bereits gestern begonnen haben.
4) *Man erzählt sich, daß* Ulrich gut Tschechisch kann.
5) *Es wird berichtet, daß* Döring aus der Partei ausgetreten ist.
6) *Ich habe gehört, daß* man○ die Redaktion durchsucht hat.
7) *Einem Bericht der Zeitung zufolge* geschah der Überfall gegen Mitternacht.
8) *Aus der Meldung geht hervor, daß* Säure in die Elbe geflossen ist.

1) ______________________________
2) ______________________________
3) ______________________________
4) ______________________________
5) ______________________________
6) ______________________________
7) ______________________________
8) ______________________________

Formen Sie die Sätze nun mit dem Modalverb *sollen* um: *Das Fest soll im Freien stattgefunden haben.*

9) *Wie offiziell verlautet,* will man○ dort Institute gründen.
10) *Es wurde bekannt, daß* beim Transport Tiere eingegangen sind.
11) *Nach Auskunft der Bank* sind Kredite günstiger geworden.
12) *Der Reporter will erfahren haben, daß* ein Priester verhaftet wurde.
13) *Laut Mitteilung der Behörde* werden strenge Maßnahmen ergriffen.
14) *Die Agentur meldete, daß* Studenten Protestlieder sangen.
15) *Es heißt, daß* die Truppen schwere Verluste erlitten haben.
16) *In den Nachrichten wurde gesagt, daß* es bald schneien wird.
17) *Es geht das Gerücht, daß* man○ auch seinen Namen genannt hat.

9) ______________________________
10) ______________________________
11) ______________________________
12) ______________________________
13) ______________________________
14) ______________________________
15) ______________________________
16) ______________________________
17) ______________________________

# 69 *Empfehlungen: Modalverb* sollen

Die folgenden Informationen über Herrn Schmöller machen Ihnen Sorge. Überlegen Sie sich gute Ratschläge, und verwenden Sie dabei das Modalverb *sollen.*

**Beispiel:** Herr Schmöller ernährt sich fast nur von Fleisch. *(Obst, Gemüse)*
*Er sollte mehr Obst und Gemüse essen.*

1) Herr Schmöller führt ein unsportliches Leben. *(Sport)*
2) Er hält sich in klimatisierten Räumen auf. *(Luft)*
3) Er ist Kettenraucher. *(aufhören)*
4) Er sitzt den ganzen Tag. *(Spaziergänge)*
5) Ohne Medikamente ist das Leben für ihn unvorstellbar.
6) Sein Alkoholkonsum○ ist erschreckend. *(abgewöhnen)*
7) Er legt sich zu spät schlafen. *(Bett)*
8) Nachts heizt er das Schlafzimmer. *(abstellen)*
9) Er arbeitet bei künstlichem Licht.
10) Er geht keinen Schritt zu Fuß. *(Auto, Garage)*

Er sollte

1) ______
2) ______
3) ______
4) ______
5) ______
6) ______
7) ______
8) ______
9) ______
10) ______

Bilden Sie auch a) irreale Bedingungssätze *(Es wäre gut, wenn er mehr Obst und Gemüse essen würde.)* und b) Infinitivkonstruktionen *(Der Arzt hat ihm geraten, mehr Obst und Gemüse zu essen.).*

11) Er liest zuviel. *(Augen)*
12) Er ißt zu fett. *(meiden)*
13) Er hat Übergewicht.
14) Berge kennt er nur von unten. *(Bergtouren)*
15) Er nimmt von niemand einen Rat an. *(beraten)*
16) Er geht immer zu demselben Arzt. *(wechseln)*
17) Von Kuren hält er nichts. *(verschreiben)*
18) Er lebt ganz falsch. *(Lebensweise)*

11) ______
12) ______
13) ______
14) ______
15) ______
16) ______
17) ______
18) ______

→→ 45

# 70 *Nachträgliche Feststellungen: Modalverb* sollen ✖

Die folgenden Sätze informieren Sie, daß sich Ihre Freundin falsch verhalten hat. Was Sie kritisieren, ist jeweils kursiv gedruckt. Formulieren Sie (mit Hilfe von *sollen*), welches Verhalten besser gewesen wäre. Verwenden Sie keine Negationen.

**Beispiel:** Sie *meldete sich nicht. (anrufen)* *Sie hätte anrufen sollen.*

Ihre Freundin hat vieles falsch gemacht.

1) Sie hat *unüberlegt gehandelt. (vorher; Rat)*
2) Sie fuhr° *mit dem eigenen Wagen. (Taxi)*
3) Sie *hatte noch ihr Hauskleid an. (umziehen)*
4) Sie *erhob sich vom Stuhl.*
5) Sie hat die Sache *weitererzählt. (für sich behalten)*
6) Sie *ließ sich* die Frechheit *gefallen. (sich beschweren)*
7) Sie *erlaubte* ihrem Sohn, Feuer zu machen.
8) Sie kam *in Begleitung.*
9) Sie *bewahrte* das Foto *auf.*
10) Sie *kümmerte° sich nicht um das schmutzige Geschirr°.*

Sie hätte ...

1) ____________________
2) ____________________
3) ____________________
4) ____________________
5) ____________________
6) ____________________
7) ____________________
8) ____________________
9) ____________________
10) ____________________

Bilden Sie auch a) irreale Bedingungssätze *(Es wäre gut / besser gewesen, wenn sie angerufen hätte.)* und b) Infinitivkonstruktionen *(Ich hätte ihr geraten anzurufen.).*

11) Sie *ging an dem Plakat vorbei.*
12) Sie *hat* das Telefongespräch *fortgesetzt. (Hörer)*
13) Sie *nahm* an der teuren Reise *teil. (verzichten)*
14) Sie *ließ* die Kinder *allein spielen. (beaufsichtigen)*
15) Sie *hat* dem Journalisten ihr Alter *verraten.*
16) Sie *hat* den Brief *nur überflogen. (gründlich)*
17) Sie *mietete eine laute Wohnung. (sich erkundigen)*
18) Sie *entschied sich sofort. (warten, Entscheidung)*

11) ____________________
12) ____________________
13) ____________________
14) ____________________
15) ____________________
16) ____________________
17) ____________________
18) ____________________

→ → 45

## 71 müssen *als Ausdruck der Notwendigkeit* ✖

Die untenstehenden Sätze beschreiben einen negativen Sachverhalt, der geändert werden muß. Formulieren Sie mit dem Modalverb, wie der „richtige" Zustand aussehen muß.

| **Beispiel:** | Sie dürfen *nicht so lange am Steuer sitzen.* *Sie müssen die Fahrt unterbrechen.* | *(unterbrechen)* |
|---|---|---|

Zu verwendende Wörter: *anbehalten, aufbewahren, austreten, befolgen, beheben, entfernen, ergänzen, freisprechen, sich halten an, sich kümmern um, löschen, nehmen (in Anspruch), nehmen (an die Leine), nutzen, schonen, verschweigen, sich verstecken, weiterbeschäftigen, zurückgeben.*

1) Sie dürfen *nicht gegen die Regeln verstoßen.*
2) Sie darf diese Gelegenheit *nicht vorübergehen lassen.*
3) Du hättest die Quittung *nicht wegwerfen dürfen.*
4) Man○ darf diese Angeklagte doch *nicht verurteilen!*
5) *Kein einziges Licht* durfte *brennen. (Lichter)*
6) In diesem Verein darfst du *nicht bleiben.*
7) Hier dürfen Sie Ihr Hemd *nicht ausziehen.*
8) Sie dürfen den Garten *nicht so vernachlässigen.*
9) Die Bücher durften wir leider *nicht behalten.*
10) Du darfst *nicht entdeckt werden.*
11) Der Soldat darf den Befehl *nicht verweigern.*
12) Die Firma darf den Buchhalter *nicht entlassen.*
13) Er darf seine Auftraggeber *auf keinen Fall nennen.*
14) Sie dürfen sich noch *nicht so anstrengen.*
15) Sie dürfen auf dieses Recht einfach *nicht verzichten.*
16) *Mit diesem Schaden am Auto*○ dürfen Sie *nicht weiterfahren. (Der Schaden ..., Passiv)*
17) Die Plakate durften *nicht hängen bleiben. (Passiv)*
18) Unsere Kartei darf *nicht so unvollständig sein.*
19) Sie dürfen den Hund hier *nicht frei herumlaufen lassen.*

1) ______
2) ______
3) ______
4) ______
5) ______
6) ______
7) ______
8) ______
9) ______
10) ______
11) ______
12) ______
13) ______
14) ______
15) ______
16) ______
17) ______
18) ______
19) ______

→→ 44

## 72 – 73 Wie sag ich's mit Modalverb?

### 72

Ersetzen Sie die kursiv gedruckten Satzteile durch Ausdrücke mit Modalverben.

1) Der Kerl ist verrückt; *es gibt keine andere Möglichkeit.*
2) *Zweifellos* mochte sie ihn.
3) *Es ist unmöglich, daß* ich mich verlesen habe.
4) *Petra versichert, daß* sie von ihm nie eingeladen worden ist.
5) *Ich empfehle dir, daß* du dich dort mal vorstellst.
6) *Presseberichten zufolge* wurde der Verurteilte begnadigt.
7) *Aller Wahrscheinlichkeit nach* schmuggelten sie Schnaps.
8) *Es ist unwahrscheinlich, daß* er Herrn Haderlein noch zu Hause angetroffen hat.
9) *Es heißt, daß* der Vorsitzende nächste Woche zurücktritt.
10) *Man schätzt das Alter* des Knochens auf 40 000 Jahre.
11) *Er sagt von sich, daß* er der beste Arzt der Stadt sei.
12) *Es ist nicht nötig, daß* Sie mich abholen.
13) *Für Sie* als Mutter *wäre es gut, wenn* Sie das wüßten.
14) *Es ist anzunehmen, daß* Heinz alles vorbereitete.
15) *Wer anders wäre imstande gewesen,* das Baby zu retten?
16) *Offenbar* ist die Pflanze vertrocknet.
17) Diese Tiere *brauchen* eine gute Pflege. *(pflegen)*
18) Sie *läßt dir sagen, daß* sie deinen Anruf° erwartet°.
19) Mein Nachbar *war immer ein schlechter Rechner. (rechnen)*
20) *Hast* du viel *zu* tun gehabt?
21) Firmen *sind verpflichtet,* mangelhafte Ware umzutauschen.

1) ______________________________
2) ______________________________
3) ______________________________
4) ______________________________
5) ______________________________
6) ______________________________
7) ______________________________
8) ______________________________
9) ______________________________
10) ______________________________
11) ______________________________
12) ______________________________
13) ______________________________
14) ______________________________
15) ______________________________
16) ______________________________
17) ______________________________
18) ______________________________
19) ______________________________
20) ______________________________
21) ______________________________

## 73 Wie sag ich's mit Modalverb? ✖

1) Was ist damals *wohl* passiert?
2) *Es würde sich lohnen,* diese Gelegenheit zu nutzen. *(man)*
3) *War es denkbar, daß* sie sich in Markus getäuscht hatte?
4) *Es ist uns völlig egal,* wo er jetzt hinfährt.
5) *Vielleicht ist er wirklich* ein hervorragender Wissenschaftler (, doch von Politik versteht er nichts)○.
6) *Jeder behauptet, er* sei es nicht gewesen. *(niemand)*
7) *Es wäre nicht falsch, wenn* du als erster da wärest.
8) *Man könnte* eigentlich *erwarten, daß* sie Bescheid weiß.
9) *Es ist damit zu rechnen, daß* er jeden Moment erscheint.
10) An wen denkt er jetzt *wohl*?
11) *Ich*○ *wüßte zu gern,* was in dem Päckchen war. *(Was ...)*
12) *Es hätte dir nicht geschadet, wenn* du den Rasen gemäht hättest.
13) Man muß das Gerät abschalten, *wenn der Druck steigt.*
14) *Unter Umständen* ist der Täter ein Familienmitglied.
15) Ich *wünsche ihr, daß* sie mit diesem Kerl glücklich wird.
16) *Das Schicksal bestimmte, daß* er diese Frau nie wiedersah.
17) Es *sieht nach Regen aus. (bald)*
18) *Und wenn* sie noch so klug ist – erraten wird sie es nie.
19) *Ich würde es für richtig halten, wenn* er sich bei dir entschuldigte.
20) *Es wäre schön,* so viel Urlaub wie Sie zu haben.
21) Die Nachbarin *behauptet, daß* sie den Betrag sofort überwiesen hat.

1) ______________________________
2) ______________________________
3) ______________________________
4) ______________________________
5) ______________________________
6) ______________________________
7) ______________________________
8) ______________________________
9) ______________________________
10) ______________________________
11) ______________________________
12) ______________________________
13) ______________________________
14) ______________________________
15) ______________________________
16) ______________________________
17) ______________________________
18) ______________________________
19) ______________________________
20) ______________________________
21) ______________________________

## 74/75 Wie sag ich's ohne Modalverb?

### 74

Ersetzen Sie in den folgenden Sätzen die Modalverben durch andere Ausdrücke. Verwenden Sie in Satz 12 und 16 andere Modalverben.

1) Leider kann ich dir so eine hohe Summe nicht leihen.
2) Das hättest du nicht tun dürfen. *(besser)*
3) Zu diesem Essen sollten Sie trockenen Weißwein trinken○.
4) Die Gruppe soll vom Papst empfangen worden sein. *(Zeitung)*
5) Sie müßten sich mal bei einem Fachmann erkundigen.
6) Darf man hier rauchen?
7) Sie müssen nicht wegen jeder Kleinigkeit○ anrufen.
8) Gustav könnte uns geschrieben haben.
9) Die Reisekosten dürften etwa 3000 Mark betragen. *(Reise)*
10) Felix soll sich einen Computer gemietet haben. *(hören)*
11) Der Motor will und will nicht anspringen.
12) Die Presse darf von unserem Geschäft○ nichts erfahren. *(verhindern)*
13) Sie möchten um fünf Uhr Herrn Schulz anrufen. *(bitten)*
14) Sie könnte so eine anstrengende Tour nicht machen.
15) Sollte er sich etwa○ verrechnet haben? *(möglich)*
16) Diese Arznei darf auf keinen Fall in Kinderhände kommen. *(schützen)*
17) Klaus war○ pleite○, und wir mußten für ihn zahlen. *(übrigbleiben)*
18) Das Kind durfte nicht in fremde Autos steigen.
19) Er kann nicht der Dieb gewesen sein. *(ausgeschlossen)*

1) ___
2) ___
3) ___
4) ___
5) ___
6) ___
7) ___
8) ___
9) ___
10) ___
11) ___
12) ___
13) ___
14) ___
15) ___
16) ___
17) ___
18) ___
19) ___

## 75 Wie sag ich's ohne Modalverb? ✖

Verwenden Sie in Satz 10 ein anderes Modalverb.

1) Ich kann wirklich nichts dafür. *(schuld)*
2) Die beiden müssen sich gekannt haben.
3) Du könntest ruhig etwas im Garten arbeiten. *(nicht schaden)*
4) Margarete will dreimal in Amerika gewesen sein.
5) Herr Seidl, Sie sollen sich bitte sofort melden! *(auffordern; Passiv)*
6) Mag er doch von mir halten, was er will. *(egal)*
7) Ihre plötzliche Absage will mir einfach nicht in den Kopf. *(begreifen, daß ...)*
8) Solltest du am Samstag Zeit haben, ruf mich an!
9) Eduard müßte bei dem Gespräch unbedingt dabei sein.
10) Dieser Plan will gut überlegt sein. *(man)*
11) Was soll die ganze Aufregung? *(Leute)*
12) Sie müssen nicht glauben, daß ich böse auf Sie bin.
13) Der Mann mochte etwa 50 Jahre alt sein. *(Schätzung)*
14) Es sollte mich wundern, wenn sie heute schon käme.
15) Sie mag eine gute Ärztin sein, trotzdem ist sie mir unsympathisch. *(bestreiten)*
16) Woran mochte er jetzt denken? *(wohl)*
17) In der Fabrik○ darf ab 1.7. sonntags gearbeitet werden. *(Behörde, Sonntagsarbeit)*
18) Da kann man nichts machen.
19) Von einer Heirat will sie nichts wissen. *(denken)*
20) Ich wollte, er wäre schon da. *(schön)*

1) ______________________________
2) ______________________________
3) ______________________________
4) ______________________________
5) ______________________________
6) ______________________________
7) ______________________________
8) ______________________________
9) ______________________________
10) ______________________________
11) ______________________________
12) ______________________________
13) ______________________________
14) ______________________________
15) ______________________________
16) ______________________________
17) ______________________________
18) ______________________________
19) ______________________________
20) ______________________________

## 76 *Modalverben-Rätsel* ✖

In den beiden folgenden Rätseln sind Modalverben zu erraten. Die Zahl in Klammern gibt an, der wievielte Buchstabe (oder die wievielten Buchstaben) des gesuchten Wortes in das Kästchen einzutragen ist (sind). (ß=SS; Ö = OE; Ü = UE)

**Beispiel:** DARF (1, 3) = D R

Rätsel 1: Die Buchstaben in den Kästchen ergeben, von unten nach oben gelesen, den Namen eines berühmten deutschen Schriftstellers, der den Nobelpreis für Literatur erhielt.

Rätsel 2: Wenn Sie die Buchstaben in beiden Reihen jeweils von oben nach unten lesen, so ergibt sich der Name eines anderen deutschen Nobelpreisträgers für Literatur.

**Rätsel 1**

I_____I 1) Du Faulpelz! Du hättest mir ruhig im Garten helfen ___________ (4).

I_____I 2) Die beiden haben vor zwei Jahren das Abitur gemacht; sie ___________ (7) also über 20 Jahre alt sein.

I_____I 3) Die Decke ___________ (2) nicht naß werden, sonst bekommt sie Flecken.

I_____I 4) ___________ (1) er noch so stark sein – diese Tür kann er bestimmt nicht öffnen.

I_____I 5) Er ahnte nicht, daß es ihre letzte Begegnung war; er ___________ (1) sie nie wieder sehen.

I_____I 6) Meine Briefe sind Privatsache. Niemand ________ (2) sie lesen.

I_____I 7) Sie ______ (1) eine gute Journalistin sein, aber von Musik versteht sie wirklich nichts.

I_____I 8) Die Kinder behaupten, sie hätten nichts gestohlen; sie ___________ (2) aber einen Fremden im Garten gesehen haben.

I_____I 9) Es ist so schön jetzt; ___________ (5) Sie nicht noch etwas bleiben?

I_____I 10) Der Mann kann euch später vielleicht nützlich sein; ihr ___________ (7) mit ihm in Kontakt bleiben.

**Lösung:** ______________________________________________

**Rätsel 2**

I_____I I_____I 1) Er sah den beiden Unbekannten prüfend ins Gesicht. Sie ___________ (4, 7) an die sechzig Jahre alt sein.

I_____I I_____I 2) Frl. Krause, Sie ___________ (3, 5) bitte zum Herrn Direktor kommen! Er erwartet Sie.

I_____I I_____I 3) Die Produktionskosten sind erheblich gestiegen. Das Gerät ___________ (4, 7) mindestens 200 DM kosten.

I_____I I_____I 4) Dieses Buch ist einfach wunderbar. Man _________ (1, 4) es gelesen haben.

I_____I I_____I 5) Du ___________ (2, 5) das Fahrrad nicht immer im Regen stehen lassen; es verrostet sonst.

I_____I I_____I 6) Zu so einem günstigen Angebot _________ (4, 7) auch ich nicht nein sagen.

**Lösung:** ______________________________________________

# Sprechhandlungen

## 77–81 Beschreibung von Sprechhandlungen

Die Sätze sind verschiedenen Gesprächen entnommen. Die Person, an die sie gerichtet sind, steht meist in Klammern. Beschreiben Sie die Äußerung des Sprechers.

**Beispiel:** Er sagte: „Ich werde dir einen Ball schenken!" *(Kind)* *Er versprach dem Kind einen Ball.*

Hinweis: Es dürfen keine Nebensätze gebildet werden.

**77** Er sagte:

1) „Das war nett von Ihnen, daß Sie mir so schnell geantwortet haben." *(Kollege)*
2) „Kommen Sie doch zu meinem Geburtstag!" *(Nachbarin)*
3) „Tut mir leid, daß ich so unhöflich war." *(Gäste)*
4) „Könnten Sie mir bitte einen Rat geben?" *(Rechtsanwalt)*
5) „Am besten, Sie wohnen im Astoria-Hotel." *(Besucher, Pl.)*
6) „Vergiß nicht, was du mir versprochen hast!" *(Nichte)*
7) „Wie teuer ist diese Krawatte?" *(Verkäuferin)*
8) „Wir treffen uns am Samstag!" *(Susanne)*
9) „Frau Bogner, das ist mein Neffe!"
10) „Gratuliere, Herr Lehmann, daß Sie das geschafft haben!"
11) „Grüß Michael von mir!"
12) „Diese Frau kann dir gefährlich werden!" *(Freund)*
13) „Kommen Sie gut heim (nach Finnland○)!" *(Finne)*
14) „Du darfst in die Disco gehen." *(Sohn)*
15) „Frau Kunze, möchten Sie sich nicht auf meinen Platz setzen?"
16) „Ich nehme die blaue Hose (und nicht die schwarze○)."
17) „Sie brauchen wirklich keine Angst zu haben." *(Patientin)*
18) „Unser für heute geplantes○ Treffen wird erst in einer Woche stattfinden."

1) ______________________________
2) ______________________________
3) ______________________________
4) ______________________________
5) ______________________________
6) ______________________________
7) ______________________________
8) ______________________________
9) ______________________________
10) ______________________________
11) ______________________________
12) ______________________________
13) ______________________________
14) ______________________________
15) ______________________________
16) ______________________________
17) ______________________________
18) ______________________________

## 78 Sprechhandlungen ✖

Verwenden Sie u.a. folgende Verben: *abraten, befürchten, sich begnügen, sich beschweren, bestätigen, drohen, sich entschließen, vereinbaren, verzichten, (be)zweifeln.*

Er sagte:

1) „Können Sie mir sagen, wann Sprachkurse stattfinden?" *(Sekretärin)*
2) „Wunderbar, daß bald○ meine Freunde kommen!"
3) „Diese○ Frau dürfte etwa vierzig Jahre alt sein."
4) „Herr Nachbar, es ist schrecklich laut bei Ihnen!"
5) „Ich finde es ganz falsch, wie sich Alfred verhält."
6) „Dieses○ Dokument muß unbedingt an die Öffentlichkeit!" *(Veröffentlichung)*
7) „Ja, es stimmt, was der Zeuge gesagt hat." *(Aussage)*
8) „Ich brauche keine Belohnung."
9) „Trinken Sie diesen Schnaps lieber nicht!" *(Chinese)*
10) „Zwanzig Mark sind genug für mich." *(geringe Summe)*
11) „Sprechen wir am Montag○ über die Angelegenheit!" *(Lehrer, Termin)*
12) „Diese Seuche wird sich wohl weiter ausbreiten."
13) „Ich möchte bei Ihrer Firma arbeiten." *(Stelle)*
14) „Ich werde die Prüfung○ nochmals versuchen!" *(Versuch)*
15) „Sie sollten mal eine Kur machen!" *(Patient)*
16) „Fräulein, bringen Sie mir bitte ein Bier!" *(Bedienung)*
17) „Ich sage nein zu Ihrem○ Vorschlag!"
18) „Ich bin mir nicht sicher, ob die Unterschrift echt ist."
19) „Ich zeige Sie an, wenn Sie mir das Geld nicht zurückzahlen!"

1) ____________________
2) ____________________
3) ____________________
4) ____________________
5) ____________________
6) ____________________
7) ____________________
8) ____________________
9) ____________________
10) ____________________
11) ____________________
12) ____________________
13) ____________________
14) ____________________
15) ____________________
16) ____________________
17) ____________________
18) ____________________
19) ____________________

## 79 Sprechhandlungen

Verwenden Sie u.a. folgende Verben: *sich ärgern, bedauern, bewundern, fürchten um, klagen, sich sehnen, staunen, trauern, träumen, verdächtigen, widerrufen, widersprechen, sich wundern.*

Er sagte:

1) „Wenn ich doch irgendwo auf der Welt meine Ruhe hätte!" *(ruhiger Ort)*
2) „So schön wohnen wie du möchte ich auch." *(Freund)*
3) „Das Auto○ muß der Nachbar beschädigt○ haben."
4) „Wie schön diese Frau ist!"
5) „Ich Esel! Wie konnte ich das nur vergessen!"
6) „Komisch, wie langsam das heute beim Zoll geht!" *(Zollabfertigung)*
7) „Wie traurig! Mein Hund ist tot!"
8) „Das Konzert findet wegen Krankheit nicht statt."
9) „Herr Abgeordneter, da haben Sie unrecht!"
10) „Wäre das schön, einmal viel Geld im Lotto zu gewinnen!"
11) „Fein, daß ich ab jetzt mehr verdiene!" *(Lohn-)*
12) „Einfach unglaublich, wie weit die Schüler in dieser kurzen Zeit gekommen sind!" *(Fortschritte)*
13) „Sie dürfen nicht mehr auf mein Grundstück!" *(Hausierer, Betreten)*
14) „Mir tut der Kopf so weh!"
15) „Schade, daß ich nicht da war!"
16) „Mein Gott! Hoffentlich stirbt sie nicht!" *(Leben)*
17) „Hoffentlich wird das Wetter besser!"
18) „Einigen wir uns doch auf einen Kompromiß!" *(Nachbar)*
19) „Das, was ich bei der ersten Vernehmung gesagt habe, stimmt nicht." *(Aussage)*

1) ______
2) ______
3) ______
4) ______
5) ______
6) ______
7) ______
8) ______
9) ______
10) ______
11) ______
12) ______
13) ______
14) ______
15) ______
16) ______
17) ______
18) ______
19) ______

## 80 Sprechhandlungen ✖

Verwenden Sie folgende Verben: *sich abfinden, angeben (prahlen), ankündigen, antreiben (drängen), auffordern, aufmerksam machen, beschimpfen, bestreiten (leugnen), sich bereit erklären, gestehen, (er)mahnen, schmeicheln, schwärmen, schwören, trösten, vermuten, verweigern, sich wehren (sich sträuben).*

Er sagte:

1) „Mama, weine nicht. Es ist alles halb so schlimm!“
2) „So ein tolles Auto wie ich hat niemand!“
3) „Seien Sie äußerst vorsichtig!“ *(Reisender / Vorsicht)*
4) „Diesen Brief° unterschreibe ich unter keinen Umständen!“ *(Unterschrift)*
5) „Herr Richter°, ich habe die Bardame umgebracht!“
6) „Schnell, wir haben kaum noch Zeit!“ *(Soldat, Eile)*
7) „Schauen Sie, da haben Sie einen Fehler gemacht!“ *(Sekretärin)*
8) „Sie Dummkopf! Sie eingebildeter Affe!“ *(Autofahrer)*
9) „Die Landschaft in Portugal war unvergeßlich!“
10) „Nein, ich lasse mich auf keinen Fall kontrollieren!“
11) „Ich ziehe bald aufs Land°.“
12) „Machen Sie bei dem Projekt° doch mit!“ *(Däne, Mitarbeit)*
13) „Na schön, ich kann diese dumme° Situation nicht ändern.“
14) „Ich habe den Ring° ganz bestimmt nicht gestohlen!“
15) „Gnädige Frau, Sie sehen mit jedem Tag jünger und schöner aus!“ *(Sängerin)*
16) „Isolde! Ich werde dich nie betrügen!“
17) „Gut, wenn Sie unbedingt wollen, gebe ich Ihnen die Papiere zurück.“ *(Rückgabe)*
18) „Wahrscheinlich besteht zwischen beiden Taten ein Zusammenhang.“

1) ______________________________
2) ______________________________
3) ______________________________
4) ______________________________
5) ______________________________
6) ______________________________
7) ______________________________
8) ______________________________
9) ______________________________
10) ______________________________
11) ______________________________
12) ______________________________
13) ______________________________
14) ______________________________
15) ______________________________
16) ______________________________
17) ______________________________
18) ______________________________

## 81 Sprechhandlungen ✖

Setzen Sie in dieser Übung u.a. folgende Ausdrücke ein: *besorgt sein, böse sein, eifersüchtig sein, empört sein, entschlossen sein, entsetzt sein, enttäuscht sein, gespannt sein, mißtrauisch sein, stolz sein, überzeugt sein.*

**Beispiel:** Er sagt: „Der Zustand ist ganz gut!'" *Er ist mit dem Zustand zufrieden.*

Er sagt:

1) „Mein Sohn hatte heute das beste Ergebnis von allen!"
2) „Was? 120 Mark für diese kleine Reparatur?!" *(Rechnung)*
3) „Wie es wohl dem kranken Nachbarn geht?"
4) „Wenn ich nur schon wüßte, wie der Film ausgeht!"
5) „Schon wieder flirtet dieser Rolf mit meiner Freundin!"
6) „Ich habe einfach den Eindruck, daß uns der Verwalter nicht die Wahrheit sagt und uns betrügt."
7) „Gott sei Dank ist nichts Schlimmes passiert!" *(gutes Ende)*
8) „Was? So viele Menschen sterben an Aids?" *(Zahl)*
9) „Jetzt werde ich kämpfen, komme was da wolle!" *(Kampf)*
10) „Hurra! Eine Tochter!" *(Geburt)*
11) „Was man mir wohl geschrieben hat?" *(Inhalt, Brief)*
12) „Ich dachte wirklich, es würden sich mehr Leute dafür interessieren!" *(gering)*
13) „Wie schade, daß meine alten Freunde von hier wegziehen!" *(Umzug)*
14) „So ein phantastisches Tennisspiel!"
15) „Komisch! Wie freundlich der Chef plötzlich ist!"
16) „Da gibt es gar keinen Zweifel. Wir werden verlieren!"
17) „Jedesmal das gleiche! Ich warte schon eine Stunde, und du bist immer noch nicht fertig?!" *(Frau)*

1) ____________________
2) ____________________
3) ____________________
4) ____________________
5) ____________________
6) ____________________
7) ____________________
8) ____________________
9) ____________________
10) ____________________
11) ____________________
12) ____________________
13) ____________________
14) ____________________
15) ____________________
16) ____________________
17) ____________________

# Ausdrucks-varianten durch Satzverbindungen

# Gleichzeitigkeit und Nichtgleichzeitigkeit

## *82 Temporale Satzverbindungen*

Verbinden Sie die Sätze mit den in Klammern angegebenen Konjunktionen, und verändern Sie die Sätze sinngemäß. Fehlt die Angabe in Klammern, so verwenden Sie die Konjunktionen *sobald, sooft* oder *wenn.*

1) Ich komme○ für eine Woche○ nach Innsbruck. Können wir uns da treffen? *(solange)*
2) Ich kann mich nicht entscheiden, denn mir fehlen noch einige Informationen. *(solange)*
3) Du bist noch nicht geimpft und mußt darum mit der Reise noch warten. *(bis)*
4) Ich pfeife, und dann mußt du sofort weglaufen. *(hören)*
5) Sie streiten sich oft. Immer geht es dabei um Politik.
6) Ich spiele manchmal○ Flöte. Hören Sie das in Ihrer Wohnung?
7) Wir kennen den Inhalt der Beschwerde noch nicht und können so lange nichts unternehmen. *(erst … wenn)*
8) Er warf sich ins Gras; im nächsten Augenblick krachte der Schuß. *(kaum)*
9) Er erledigt die Sache und gibt dir dann sofort Bescheid.
10) Bald wird das Wetter schlecht. Machen Sie den Ausflug lieber jetzt! *(solange)*
11) Es geht ihm jetzt viel besser als vorher. Einen Monat○ lang wohnt er schon im Studentenheim. *(seit)*
12) Darüber können wir jetzt noch nicht sprechen, denn Uwe liegt○ noch im Krankenhaus○. *(erst … wenn, entlassen)*
13) Kurt braucht häufig Geld und ruft dann seinen Bruder an.

1) ______________________________

2) ______________________________

______________________________

3) ______________________________

______________________________

4) ______________________________

5) ______________________________

6) ______________________________

7) ______________________________

______________________________

8) ______________________________

9) ______________________________

10) ______________________________

11) ______________________________

______________________________

12) ______________________________

______________________________

13) ______________________________

## 83 Temporale Satzverbindungen

Verbinden Sie die Sätze, und verwenden Sie die in Klammern angegebenen Wörter. Fehlen die Angaben in Klammern, so verwenden Sie die Konjunktionen *als, bis, kaum, nachdem, solange, sooft, während* oder *wenn.*

1) Er stieg nicht gleich ein, sondern zögerte lange. *(ehe)*
2) Wir saßen beim Abendessen, und dabei lief die ganze Zeit der Fernseher.
3) Nachdem er einen Blick in die Garage geworfen hatte, betrat Eugen das Haus. *(ehe)*
4) Du mußt etwas tun, bevor es zu spät ist! *(nicht warten)*
5) Bettina schwimmt viel besser, seit sie in diesem Verein ist. *(bevor, eintreten; kaum)*
6) Julia saß über dem Brief. Plötzlich hatte sie eine Idee.
7) Es kam wieder zu einem Streit. Daraufhin reiste er ab.
8) Lothar verschluckte den Zettel. Man konnte ihn nicht daran hindern. *(ehe)*
9) Lisa verschwand um die Ecke, und schon sprang er vom Baum.
10) Der Zug fährt noch. Sie dürfen die Tür noch nicht öffnen. *(erst ..., wenn)*
11) Die beiden begegneten sich jeden Tag°. Immer lächelten sie einander zu.
12) Jetzt können Sie Ihren Lehrer noch fragen. Bald sind Sie nicht mehr im Kurs. *(Fragen Sie ...!)*
13) Als er noch Verpflichtungen hatte, war ihm das Leben nicht langweilig. *(seit, sich langweilen)*
14) Das Licht ging aus. Im nächsten Moment kroch er unter dem Bett hervor.
15) Nützen Sie jede Gelegenheit° aus, und machen Sie diese Übungen! *(sooft, es geht)*

1) ______________________________

2) ______________________________

3) ______________________________

4) ______________________________

5) ______________________________

______________________________

6) ______________________________

7) ______________________________

8) ______________________________

______________________________

9) ______________________________

10) ______________________________

11) ______________________________

12) ______________________________

13) ______________________________

______________________________

14) ______________________________

15) ______________________________

# Grund und Folge

## 84 *Kausale und konsekutive Satzverbindungen*

Verbinden Sie die Sätze mit den in Klammern angegebenen Haupt- und Nebensatzkonjunktionen. Die Sätze sind dabei umzuformen.

**Beispiel:** Ich verstand fast nichts, denn die Stimme war sehr leise. *(so ...,daß)*
Die Stimme war *so* leise, *daß* ich fast nichts verstand.

**Weitere Übungsmöglichkeit:** Wenn Sie die Sätze umgeformt haben, bilden Sie irreale Bedingungssätze (z.B. *Wenn die Stimme lauter gewesen wäre, hätte ich mehr verstanden.*).

1) Das Interesse der Hörer an der Sendung ist sehr groß; vor allem deshalb plant man eine Wiederholung. *(zumal)*
2) Einer allein kann die Aufgabe nicht bewältigen, denn sie ist zu umfangreich. *(so ..., daß)*
3) Herr Moser hat Anspruch auf eine Altersrente, weil er 65 Jahre alt ist. *(somit)*
4) Wir sind doch gute Freunde; warum also soll Philipp nicht mitfahren? *(Warum ...; wo ... doch)*
5) Arthur hatte einen zu großen Vorsprung, als daß wir ihn hätten einholen können. *(denn)*
6) Die Innenstadt war für den Verkehr gesperrt; deshalb mußten wir zu Fuß weitergehen. *(weshalb)*
7) Ich verstehe von Ökologie sehr wenig, weshalb ich das Problem auch nicht beurteilen kann. *(zu ..., als daß)*
8) Diese Methoden sind schon so veraltet, daß sie nicht mehr angewendet werden. *(nämlich)*
9) Das Kind freut sich schon lange auf ein Rad; daher müssen wir ihm zum Geburtstag eins schenken. *(wo ... doch)*
10) Der Staat ist von einer Wirtschaftskrise betroffen; aus diesem Grund ist der Erfolg dieser Firma besonders erstaunlich. *(um so ..., als)*

1) ______________________________

______________________________

2) ______________________________

______________________________

3) ______________________________

4) ______________________________

5) ______________________________

______________________________

6) ______________________________

______________________________

7) ______________________________

______________________________

8) ______________________________

______________________________

9) ______________________________

______________________________

10) ______________________________

______________________________

## 85 Kausale und konsekutive Satzverbindungen ✖

1) Ich kann mir heute keinen Vortrag mehr anhören, denn ich bin sehr müde. *(zu ..., um ... zu)*
2) Die Nachricht kam um so überraschender, als der Chef zunächst Verkaufsabsichten bestritten hatte. *(daher)*
3) Da Katharina zu wenig Mehl hatte, konnte sie keine zweite Torte backen. *(genug; um ... zu)*
4) Der Hund zitterte am ganzen Körper, weil er große Angst hatte. *(solch- ..., daß)*
5) Der Anwalt ist morgen leider○ verhindert; infolgedessen muß der Termin auf übermorgen verlegt werden. *(nämlich)*
6) Diana ist kein Kind mehr und will daher auch nicht mehr mit Puppen spielen. *(zu alt)*
7) Seine Erkrankung ist außerordentlich○ beunruhigend; er war nämlich sein Leben lang gesund. *(um so..., als)*
8) Jürgen wird mit weniger Geld auskommen, zumal er sehr sparsam ist. *(daher)*
9) Herr Kolbe ist der neue Vorsitzende; er hat nämlich bei der Wahl 65% der Stimmen erhalten. *(somit)*
10) Durch Rufen konnten sie sich nicht verständigen, weil die Entfernung zu groß war. *(so ..., daß)*
11) Ich nehme das Angebot an, denn es ist außerordentlich günstig. *(zu ..., als daß; ablehnen)*

1) ____________________

____________________

2) ____________________

____________________

3) ____________________

____________________

4) ____________________

____________________

5) ____________________

____________________

6) ____________________

____________________

7) ____________________

____________________

8) ____________________

____________________

9) ____________________

____________________

10) ____________________

____________________

11) ____________________

____________________

# Bedingung und Voraussetzung

## 86/87 Konditionale Satzverbindungen

Verbinden Sie die Sätze mit folgenden Konjunktionen: a) *wenn* (oder *falls*), b) *es sei denn, (daß)*, c) *vorausgesetzt, (daß)* und d) mit dem Modalverb *sollen*. Die Abkürzung *Bed* bedeutet *Bedingung*.

**Beispiel:** Er muß den Schaden selbst bezahlen. Bed: Er ist nicht versichert. (a – d)

a) *Wenn / Falls* er nicht versichert ist, muß er den Schaden selbst bezahlen.
b) Er muß den Schaden selbst bezahlen, *es sei denn,* er ist versichert. / ... *es sei denn, daß* er versichert ist.
c) Er muß den Schaden nicht selbst bezahlen, *vorausgesetzt,* er ist versichert. / ... *vorausgesetzt, daß* er versichert ist.
d) *Sollte* er nicht versichert sein, so / dann muß er den Schaden selbst bezahlen.

### 86

1) Hedwig ist um 7 Uhr da.
Bed: Es kommt nichts dazwischen. *(a – c)*

2) Es muß mit Wasser gespart werden.
Bed: Die Trockenheit hält an. *(a, b / bald regnen, d)*

3) Es ist jetzt fünf vor acht.
Bed: Meine Uhr geht richtig. *(a – c)*

4) Wir fahren mit dem Wagen zur Arbeit.
Bed: Die Busfahrer streiken auch morgen noch. *(a, b / abbrechen, d)*

5) Wir kommen um sechs Uhr in Salzburg an.
Bed: Wir haben keine Panne. *(a – c)*

1a) ______
b) ______
c) ______
2a) ______
b) ______
d) ______
3a) ______
b) ______
c) ______
4a) ______
b) ______
d) ______
5a) ______
b) ______
c) ______

## 87 Konditionale Satzverbindungen ✖

1) Sofern es keine bessere Verbindung gibt, fahre ich mit dem 8-Uhr-Zug. *(es sei denn)*
2) Die Veranstaltung kann stattfinden, es sei denn, wir bekommen den Saal nicht. *(Hoffentlich ...; andernfalls)*
3) Wenn Nicole häufiger Deutsch spricht, wird sie die Sprache auch schneller beherrschen. *(Je ..., um so)*
4) Sie müssen sofort die Versicherung verständigen, falls Ihr Hund einen Unfall verursacht. *(Gesetzt den Fall ...)*
5) Wenn Frau Reichert nicht schriftlich eingeladen wird, will sie nicht kommen. *(müssen, sonst)*
6) Das Urteil ist rechtskräftig, es sei denn, der Verurteilte legt Widerspruch ein. *(Sofern ...)*
7) Angenommen, man hätte keinen Hubschrauber gehabt; wie hätte man die Bergsteiger retten können? *(wenn)*
8) Volker muß auf den Ausflug verzichten, es sei denn, er findet seinen Paß doch noch. *(Wenn ...)*
9) Sollte der Sturm nicht nachlassen, müssen die Schiffe im Hafen bleiben. *(es sei denn)*
10) Gesetzt den Fall, Sie wären Präsident, was würden Sie tun? *(wenn)*
11) Wenn Sie nicht Französisch sprechen, bringt diese Reise keinen Nutzen. *(vorausgesetzt)*
12) Bewirb dich möglichst bald, denn dann hast du bessere Chancen. *(Je ..., desto)*

1) ____________________

____________________

2) ____________________

____________________

3) ____________________

____________________

4) ____________________

____________________

5) ____________________

6) ____________________

____________________

7) ____________________

____________________

8) ____________________

____________________

9) ____________________

____________________

10) ____________________

11) ____________________

____________________

12) ____________________

## 88 Proportionalität

Formen Sie die folgenden Sätze um, und verwenden Sie dabei die Konjunktionen *je … desto* oder *je … um so.*

**Beispiel:** Wir kamen langsam näher und hörten die Geräusche immer deutlicher.
*Je* näher wir kamen, *um so / desto* deutlicher hörten wir die Geräusche.

1) Komm bald, denn das ist mir lieber.
2) Zu Beginn seiner Rede herrschte im Saal noch Ruhe. *(länger sprechen; Zuhörer, unruhig)*
3) Wenn Sie selbst alles erledigen können, sind Sie nur auf wenige Mitarbeiter angewiesen.
4) Bei einem reichen Warenangebot sind die Preise niedrig. *(knapp; sich erhöhen)*
5) Als Melanie Herrn Schäfer kennenlernte, war er ihr sehr unsympathisch. *(kennen; gefallen)*
6) Du bekommst gute Karten, wenn du dich früh an der Kasse anstellst.
7) Wenn man viel Zeit hat, weiß man sie kaum zu schätzen.
8) Bei geringem Einkommen müssen Sie nicht mit hohen Steuern rechnen. *(mehr verdienen)*
9) Als wir noch nahe an der Fabrik standen, war der Lärm der Maschinen○ unerträglich. *(sich entfernen; schwach)*
10) Als man○ mit dem Projekt begann, gab es kaum Schwierigkeiten. *(fortschreiten; kämpfen mit)*
11) Wir waren schon lange unterwegs und begannen○, am Sinn unserer Reise zu zweifeln.
12) Die Truppen rückten vor, stießen aber auf immer heftigeren Widerstand. *(weiter)*

1) ______________________________

2) ______________________________

3) ______________________________
______________________________

4) ______________________________
______________________________

5) ______________________________

6) ______________________________

7) ______________________________

8) ______________________________
______________________________

9) ______________________________
______________________________

10) ______________________________
______________________________

11) ______________________________
______________________________

12) ______________________________
______________________________

# Einschränkung

## 89/90 Konzessive Satzverbindungen ✖

### 89

Verbinden Sie die Sätze mit den angegebenen Konjunktionen, und formen Sie sie um.

1) Obwohl die Arbeitslosigkeit zunimmt, hält die Regierung an ihrer Wirtschaftspolitik fest. *(dennoch)*
2) Wir haben keine andere Wahl, auch wenn dieses Verfahren umständlich ist. *(Mag ... auch)*
3) Obwohl man den Eltern sofort schrieb, konnten die meisten nicht mehr erreicht werden. *(indessen)*
4) Sie konnte sich für kein Angebot entscheiden, obwohl alle sehr verlockend waren. *(So ... auch)*
5) Er schaffte die Diplomarbeit noch, obwohl er nur mehr sechs Wochen Zeit hatte. *(zwar)*
6) Er konnte das Testament nicht ändern, obwohl es ihm ungerecht erschien. *(So ... auch)*
7) Keiner wagte zu widersprechen, wenngleich viele verärgert waren. *(gleichwohl)*
8) Obwohl Gerhard in der Schule recht laut ist, ist er zu Hause sehr still. *(so ..., so ...)*
9) Mochte den anderen ihr Verhalten auch nicht gefallen, Helga ging ihren Weg. *(Helga ..., selbst wenn)*
10) So schwer es ihm auch fiel, er mußte sich mit der Teilung des Grundstücks abfinden. *(Obwohl)*

1) ______________________________

______________________________

2) ______________________________

______________________________

3) ______________________________

______________________________

4) ______________________________

______________________________

5) ______________________________

______________________________

6) ______________________________

______________________________

7) ______________________________

______________________________

8) ______________________________

9) ______________________________

______________________________

10) ______________________________

______________________________

## 90 Konzessive Satzverbindungen ✖

1) Gegen Teile des Entwurfs hatten wir Einwände; trotzdem stimmten wir ihm zu. *(Wenngleich)*
2) Die Expedition mußte scheitern, auch wenn sie noch so gut vorbereitet war. *(So … auch)*
3) Ich komme zwar immer wieder an dem Haus vorbei, aber nie○ brennt dort Licht. *(Wann immer)*
4) Die Mannschaft gab zwar ihr Bestes; gleichwohl konnte sie die Niederlage nicht verhindern. *(Auch wenn)*
5) Obwohl der Rechtsanwalt schon einen Teilerfolg errungen hatte, setzte er den Kampf fort. *(gleichwohl)*
6) Der Chef war nie zufrieden mit ihr, obwohl sie tat, was sie konnte○. *(Was immer)*
7) Die Gewerkschaften hatten zum Generalstreik aufgerufen; die meisten Geschäfte indessen blieben geöffnet. *(Zwar …, dennoch)*
8) Er suchte die geheimnisvolle Unbekannte überall; doch sie blieb verschwunden. *(Sosehr)*
9) Sie war zur Teilnahme an dem Kurs entschlossen, mochte er sie auch all ihre Ersparnisse kosten. *(Auch wenn …)*
10) Er hält sich für den besten Kandidaten, obwohl er unfähig ist. *(So … auch)*

1) ______________________________

______________________________

2) ______________________________

______________________________

3) ______________________________

______________________________

4) ______________________________

______________________________

5) ______________________________

______________________________

6) ______________________________

______________________________

7) ______________________________

______________________________

8) ______________________________

______________________________

9) ______________________________

______________________________

10) ______________________________

______________________________

# Absicht und Zweck

## 91–93 Finale Satzverbindungen

Verbinden Sie die Sätze mit *um ... zu* oder *damit,* und formen Sie sie um, wenn nötig.

**Beispiel:** Man brachte Spiele.
a) Man wollte die Wartezeit verkürzen.
b) Niemand sollte sich langweilen.

a) Man brachte Spiele, *um die Wartezeit zu verkürzen.*
b) Man brachte Spiele, *damit sich niemand langweilte.*

**91** Man plant den Ausbau der Universität. *(um zu)*

a) Bis jetzt konnten zu wenig Studenten aufgenommen werden.
b) Andere Hochschulen sind überfüllt. *(entlasten)*
c) Das Lehrangebot war bis jetzt zu beschränkt.
d) Die Chancen für junge Wissenschaftler waren schlecht.

Man plant den Ausbau der Universität,

a) ______
b) ______
c) ______
d) ______

**92** Die Firma verkürzt die Arbeitszeit.

a) Sie will nach Möglichkeit keine Arbeitskräfte° entlassen. *(um zu, Entlassungen)*
b) Die Beschäftigten fordern mehr Freizeit. *(damit)*
c) Es darf zu keinem Konflikt mit der Gewerkschaft kommen. *(um zu)*
d) Man hofft, daß es dann keine Streiks gibt. *(vorbeugen)*

Die Firma verkürzt die Arbeitszeit,

a) ______
b) ______
c) ______
d) ______

**93** Eine Geschwindigkeitsbeschränkung wurde eingeführt. *(um zu)*

a) Es sollten nicht noch mehr Menschen ums Leben kommen. *(Zahl der Verkehrstoten)*
b) Es dürfen sich keine weiteren Massenunfälle ereignen.
c) Die Umweltbelastung durch Abgase ist sehr hoch.
d) Die Autofahrer fahren viel zu hektisch. *(zwingen; Fahrweise)*

Eine Geschwindigkeitsbeschränkung wurde eingeführt,

a) ______
b) ______
c) ______
d) ______

## 94 Modale und finale Satzverbindungen

Verbinden Sie die Sätze mit den Konjunktionen *ohne … zu; ohne … daß; (an)statt … zu; (an)statt daß; um … zu; damit.* Die Sätze sind dabei umzuformen.

**Beispiele:**

| | |
|---|---|
| Er ging weg. Er hatte nichts gegessen. | Er ging weg, *ohne* gegessen *zu* haben. |
| Sie hilft mir nicht und liest dafür Romane. | *Statt* mir *zu* helfen, liest sie Romane. |
| Sprich lauter, sonst höre ich nichts. | Sprich lauter, *damit* ich etwas höre. |

1) Oma wurde nicht bedient, sondern mußte alle bedienen.
2) Die Leute schauten uns nur bei der Arbeit zu, doch niemand war uns behilflich.
3) Der Geiger nahm ein Beruhigungsmittel; andernfalls hätte er das Konzert absagen müssen.
4) Der Student arbeitete schon lange als Taxifahrer, nur seine Familie ahnte nichts davon.
5) Die Kleine schwieg nicht, sondern plapperte alles aus*.
6) Verwenden Sie nie Methoden, die Sie vorher nicht überprüft haben.
7) Er will die Stadt kennen und hat nicht einmal das Rathaus gesehen!
8) Die Nachbarn stritten weiter. Sie versöhnten sich nicht.
9) Zieh dir etwas Warmes an, sonst erkältest du dich!
10) Wir schliefen im Zelt, denn wir wollten Geld sparen.
11) Manchmal weinte sie und wußte nicht, warum.
12) Er trägt eine Sonnenbrille; keiner soll ihn erkennen. *(Passiv)*
13) Informiere dich genau! Sonst verlierst du Zeit.
14) Beim Aufstieg machten wir mehrere Pausen; wir wollten nämlich unsere Kräfte schonen.
15) Versuch die Sache doch selbst, und lach uns nicht aus!

1) ______________________________
2) ______________________________
3) ______________________________
4) ______________________________
5) ______________________________
6) ______________________________
7) ______________________________
8) ______________________________
9) ______________________________
10) ______________________________
11) ______________________________
12) ______________________________
13) ______________________________
14) ______________________________
15) ______________________________

* ausplappern = ausplaudern, verraten (ein Geheimnis)

# Weitere Satzverbindungen

## *95/96 Kopulative Konjunktionen*

**95** Verbinden Sie die folgenden Sätze mit den Konjunktionen *einerseits … andererseits, nicht nur … sondern auch, weder … noch, entweder … oder.*

**Beispiele:** *Einerseits* beklagt man sich über die Umweltzerstörung; *andererseits* sind nur wenige bereit, umweltbewußt zu leben.
Er spricht *nicht nur* fünf Sprachen, *sondern* weiß *auch* in Kunst gut Bescheid.
*Weder* fragte man uns nach unseren Pässen, *noch* wurde das Gepäck kontrolliert.
*Entweder* Sie fahren mit dem Bus um 23 Uhr, *oder* sie nehmen ein Taxi.

1) Viele Bürger wehren sich gegen den Bau neuer Straßen.
Niemand will auf die Benutzung seines Autos verzichten.
2) Herr Altmann half uns bei den Vorbereitungen des Festes.
Er gab uns auch einen Zuschuß.
3) Gib mir den Ball freiwillig!
Ich hole meinen großen Bruder.
4) Die Menschen wollen immer mehr Freizeit.
Sie wissen nichts damit anzufangen.
5) Er erwartet vom Staat eine großzügige Unterstützung.
Er führt einen aufwendigen Lebensstil.
6) Hörfunk und Fernsehen berichteten nicht über den Skandal.
Auch in den Zeitungen stand nichts darüber zu lesen.
7) Man nahm Einzelunterricht.
Man konnte an Arbeitsgemeinschaften teilnehmen.
8) Unser Reisebegleiter beherrschte die Landessprache.
Er wußte auch in Geschichte und Kunst Bescheid.
9) Ich konnte das Buch in keinem Geschäft auftreiben.
Ich fand es auch nicht in der Stadtbibliothek.

1) ______________________________

2) ______________________________

3) ______________________________

4) ______________________________

5) ______________________________

6) ______________________________

7) ______________________________

8) ______________________________

9) ______________________________

## 96 Kopulative Konjunktionen ✖

Verbinden Sie die folgenden Sätze mit den Konjunktionen a) *nicht einmal,* b) *geschweige denn,* c) *ganz zu schweigen von.*

**Beispiele:** a) Der Kranke kann nicht spazierengehen, er kann *nicht einmal* aufstehen.
b) Der Kranke kann nicht aufstehen, *geschweige denn* spazierengehen.
c) Die Unterbringung der Teilnehmer war vorbildlich, *ganz zu schweigen von* der persönlichen Betreuung.
Die Bedienung war schlecht, *ganz zu schweigen vom* Essen.
(*nicht einmal* und *geschweige denn* sind Negationen des Ausdrucks *sogar.*)

zu a): An erster Stelle steht der „schwierigere, unwahrscheinlichere" Sachverhalt *(spazierengehen);* an zweiter Stelle steht der „wahrscheinlichere" *(aufstehen).*
zu b): Die Reihenfolge der Verben ist hier im Vergleich zu a) vertauscht.
zu c): *„A, ganz zu schweigen von B"* drückt aus, daß der Sprecher über B gar nichts sagen möchte, weil B noch besser / schlimmer als A ist.

1) Von Erika wissen wir nichts; auch für eine kleine Karte nimmt sie sich keine Zeit.
2) Wir können für zwei Gäste kaum Platz finden und erst recht nicht eine ganze Gruppe unterbringen.
3) Er weiß zwar nicht, wie man einen Wasserhahn repariert; aber er kann auch keinen Nagel in die Wand schlagen.
4) Jährlich sterben Tausende von Menschen im Straßenverkehr; von den zahllosen Verletzten spreche ich gar nicht.
5) Für die Nachmittagsvorstellung gibt es keine Karten mehr; für den Abend natürlich schon lange nicht.
6) Die Übersetzung war längst nicht abgeschlossen; das erste Kapitel war noch nicht fertig.
7) Man konnte ihr Zimmer nicht bezahlen; an eine Finanzierung ihres Studiums war gar nicht zu denken. *(finanzieren)*
8) Die Bibliothek enthält wertvolle Bücher; noch bedeutsamer sind die kostbaren Handschriften.
9) Die Anrufe haben mir sehr geholfen; die vielen Briefe habe ich noch gar nicht erwähnt○.

1) ______________________________

2) ______________________________

3) ______________________________

4) ______________________________

5) ______________________________

6) ______________________________

7) ______________________________

8) ______________________________

9) ______________________________

# Zusammenfassende Übungen

## *97/98 Bildung verschiedener Nebensätze* ✖

**97** Formen Sie die kursiv gedruckten Satzteile in Nebensätze um.

**Beispiele:**

1) *Wegen eines Streiks der Busfahrer* kam es zu einem Verkehrschaos. — *Da die Busfahrer streikten, ...*
2) *Bei einem Streik der Busfahrer* fahren wir mit dem Taxi. — *Wenn / Falls die Busfahrer streiken, ...*

1) Der Räuber ließ sich *ohne Widerstand* festnehmen.
2) *Trotz seiner Vorliebe*○ *für Wein* bestellte sich Gerd Mineralwasser. *(trinken)*
3) *Trotz der undeutlichen Sprechweise*○ *des Dozenten* verstand sie fast den ganzen Vortrag.
4) *Seit seiner Genesung*○ arbeitet er nur mehr halbtags.
5) *In Augenblicken des Glücks* vergaß sie ihre früheren Enttäuschungen.
6) *Wegen ihrer Tanzleidenschaft* ist Michaela in einen Tanzklub eingetreten. *(tanzen)*
7) *In einer anderen Umgebung* wäre dieser Jugendliche nie kriminell geworden. *(aufwachsen)*
8) *Wegen des starken Verkehrs* kam es zu mehreren Unfällen.
9) *Im Falle steigender Touristenzahlen* müssen mehr Unterkünfte geschaffen werden. *(Zahl)*
10) *Wegen eines kritischen Artikels* wurde der Journalist des Landes verwiesen. *(verfassen)*
11) *Ohne ausreichende Vorbereitung* wäre er mit seinem Unternehmen gescheitert.
12) *Die Hilfsbedürftigkeit dieser Staaten* wird oft bezweifelt. *(brauchen)*
13) *Trotz des Durcheinanders* fanden wir uns ganz gut zurecht. *(herrschen)*
14) *Im Unterschied*○ *zu seiner gesprächigen Schwester* ist Joachim ein schweigsamer Mensch. *(reden)*

1) ______________________________
2) ______________________________
3) ______________________________
4) ______________________________
5) ______________________________
6) ______________________________
7) ______________________________
8) ______________________________
9) ______________________________
10) ______________________________
11) ______________________________
12) ______________________________
13) ______________________________
14) ______________________________

## 98 Bildung verschiedener Nebensätze ✖

1) *Trotz der hohen Zahl von Kriegstoten* wurde der Krieg fortgesetzt. *(Soldaten, fallen)*
2) *Wegen des baldigen Verfalls der Ausweise* müssen wir neue beantragen. *(ungültig)*
3) *Trotz ihrer Abneigung gegen Krimis* ging Miriam mit den anderen ins Kino. *(mögen)*
4) Der Erfolg bei dem Spiel hängt *vom Orientierungsvermögen der Teilnehmer* ab. *(sich orientieren)*
5) *Trotz finanzieller Schwierigkeiten* wollte er die Firma noch ausweiten. *(geraten)*
6) Es kommt *auf das Fassungsvermögen des Öltanks* an. *(Liter)*
7) Das Reinigungsmittel wurde *aufgrund seiner krebserzeugenden Wirkung*○ verboten. *(hervorrufen)*
8) *Mit dem steigenden Wohlstand* erhöhen sich auch die Ansprüche der Menschen. *(es geht besser)*
9) *Wegen der hohen Bevölkerungsdichte* sind Großprojekte nur mehr schwer zu verwirklichen. *(Land, besiedeln)*
10) Keiner ahnte *den Anlaß* ihres Besuches○. *(kommen)*
11) *Trotz des dreiprozentigen Rückgangs der Arbeitslosigkeit* warnt der Minister vor Optimismus. *(Zahl)*
12) *Laut unserer Mitteilung vom 1. 2.* können Sie das defekte Gerät umtauschen.
13) Sein Geschäftspartner bekräftigte *seine Vertragstreue. (sich halten)*
14) *Angesichts des beträchtlichen Sachschadens* wurde die Polizei eingeschaltet. *(entstehen)*
15) Wußten Sie *von der geplanten Schulreform? (Schulsystem, sollen)*
16) *Unauffällig* verließen wir die Versammlung. *(auffallen)*
17) Das Kind schrie *aus Leibeskräften. (laut)*

1) ______________________________

2) ______________________________

3) ______________________________

4) ______________________________

5) ______________________________

6) ______________________________

7) ______________________________

8) ______________________________

9) ______________________________

10) ______________________________

11) ______________________________

12) ______________________________

13) ______________________________

14) ______________________________

15) ______________________________

16) ______________________________

17) ______________________________

# Nominalisierung

## 99–108 *Vermeidung von Nebensätzen durch Nominalisierung*

### *99*

Die Konjunktionen des Temporalsatzes (*als, bevor* usw.) müssen durch eine Präposition ersetzt werden (*bei, vor* usw.). Für das Verb des Nebensatzes ist ein geeignetes Nomen zu finden, z.B. für *fertig sein* das Nomen *Abschluß*.

**Beispiele:** *Nachdem er mit dem Studium fertig war,* ging er für zwei Jahre nach Amerika.
*Nach Abschluß des Studiums ...*
*Während er studierte,* absolvierte er ein Praktikum.
*Während des Studiums ...*

Zu verwendende Nomen: *Einnahme, Haft, Tageslicht, Überschreiten, Überwindung* u.a.

1) Er wurde gefaßt, *als er gerade über die Grenze ging.*
2) *Sooft sie*° *im Garten feierten,* schien die Sonne.
3) *Nachdem das Experiment*° *zum drittenmal nicht gelungen war,* gab man das Projekt auf.
4) Er zieht die Augenbrauen hoch, *wenn er grüßt.*
5) *Kurz bevor die Bombe*° *in die Luft ging,* beobachteten Zeugen ein verdächtiges Auto.
6) Ich muß ihn erreichen, *bevor er in das neue Haus*° *zieht.*
7) *Wenn Sie die Tablette genommen haben,* dürfen Sie eine Stunde lang nichts essen.
8) *Erst nachdem er mit zahlreichen Schwierigkeiten fertig geworden war,* konnte Hermann den Plan verwirklichen.
9) *Als er es das letzte Mal probierte,* glückte der Sprung.
10) *Als er aus dem Haus ging,* fiel ihm die Stille auf.
11) Diese Arbeiten lassen sich nur erledigen, *solange es draußen hell ist.*
12) *Als er im Gefängnis*° *saß,* schrieb er mehrere Bücher.
13) *Jedesmal bevor er einen Stein*° *warf,* spuckte er in die Hände.

1) ______________________________
2) ______________________________
3) ______________________________
4) ______________________________
5) ______________________________
6) ______________________________
7) ______________________________
8) ______________________________
9) ______________________________
10) ______________________________
11) ______________________________
12) ______________________________
13) ______________________________

# 100 Nominalisierung

Formen Sie die Kausalsätze in präpositionale Ausdrücke um.

**Beispiel:** *Da / Weil alles sehr teuer war,* kauften wir nur wenig.
*Wegen der hohen Preise ...*

1) Man kritisiert ihn, *weil er zu sparsam ist. (übertrieben)*
2) Kunststoffe werden oft verwendet, *zumal sie wenig wiegen.*
3) Ich überbringe Ihnen diesen Brief, *weil mich Herr Sailer dazu beauftragt hat. (Auftrag)*
4) Es kam oft zum Streit, *da sie nie einer Meinung waren. (-verschiedenheiten)*
5) Ingrid drückte auf die falsche Klingel, *weil sie nicht genau hingeschaut hatte. (Versehen)*
6) *Da die Versuche gestern nicht glückten,* werden sie wiederholt.
7) Der Händler kaufte die gestohlene Ware, *weil er davon○ nichts wußte. (Unwissenheit)*
8) Er hat noch kein Mädchen geküßt, *weil er keine Gelegenheit dazu hatte.*
9) Die Straße ist gesperrt, *weil der Wald in Flammen steht.*
10) Wie konnte ihm dieser Fehler passieren, *wo er doch so viel weiß? (Wissen)*
11) Er wird gesucht, *weil er einen Menschen umgebracht hat.*
12) Wir waren erschöpft, *weil wir so lange zuhören mußten.*
13) Der Gelehrte wurde bekannt, *weil er das Schulsystem heftig kritisierte.*
14) *Da er uns half,* schafften wir die Arbeit in zwei Tagen.
15) Sie trug nur Stöckelschuhe, *weil sie so eitel war.*
16) Er kennt diese Situationen, *da er sie selbst erlebt hat. (Erfahrung)*

1) ______
2) ______
3) ______
4) ______
5) ______
6) ______
7) ______
8) ______
9) ______
10) ______
11) ______
12) ______
13) ______
14) ______
15) ______
16) ______

## 101 Nominalisierung

Drücken Sie die Bedingung anders aus.

**Beispiel:** *Wenn sich viele Leute dafür interessieren,* wird die Ausstellung verlängert.
*Bei großem Interesse ...*

*Wäre es heißer gewesen, so* wäre das Glas geplatzt.
*Bei höheren Temperaturen ...*

1) *Wenn die Stadt kein Geld gegeben hätte,* hätte man die Filmwoche nicht durchführen können. *(Zuschuß)*
2) *Wenn der Druck größer wird,* dann wächst auch die Explosionsgefahr. *(steigen)*
3) Reparaturen werden nur ausgeführt, *wenn man bar bezahlt.*
4) *Wenn wir später losgegangen wären,* wären wir in ein Gewitter geraten. *(Aufbruch)*
5) Rabatt wird gewährt, *wenn man größere Mengen bestellt.*
6) *Sollten die Arbeiten*○ *länger als geplant dauern,* so ist mit einer Kostenerhöhung zu rechnen. *(Verzögerung)*
7) Sie läßt sich nicht aus der Ruhe bringen, *auch wenn etwas Ungewöhnliches passiert. (Ereignisse)*
8) Das Programm ließe sich noch ändern, *wenn man nur wollte. (guter Wille)*
9) Er wird die Schuld nur begleichen, *wenn man ihn dazu zwingt.*
10) *Wenn Sie genug für die Prüfung tun,* schaffen Sie sie auch. *(ausreichend)*
11) Die Besucher müssen sich ausweisen, *wenn man es von ihnen verlangt. (Verlangen)*
12) *Hätten mehr Leute mitgemacht,* wäre das Unternehmen ein Erfolg geworden. *(Beteiligung)*
13) *Wenn man die Bevölkerung nicht richtig aufklärt,* kann die Seuche nur schwer bekämpft werden.
14) Pannen lassen sich vermeiden, *wenn man sich genau an die Vorschriften hält.*
15) *Wenn viele Leute Theaterkarten*○ *haben wollen,* versuchen wir es morgen noch einmal. *(Andrang)*

1) ______
2) ______
3) ______
4) ______
5) ______
6) ______
7) ______
8) ______
9) ______
10) ______
11) ______
12) ______
13) ______
14) ______
15) ______

# 102 Nominalisierung

Drücken Sie den Gegensatz ohne Konzessivsatz aus.

**Beispiel:** *Obwohl ihr das Knie weh tat,* lief sie weiter.
*Trotz ihrer Knieschmerzen …*

1) Er sprang in den reißenden Fluß, *obwohl wir ihm gesagt hatten, es sei gefährlich.*
2) Man konnte sich rasch einigen, *obgleich jeder○ eine andere Forderung hatte.*
3) *Obwohl man uns viel auf den Teller legte,* wurden wir nicht satt. *(Portionen)*
4) *Obwohl Stefan in Geschichte sehr gut Bescheid weiß,* hatte er von dem Vertrag noch nie gehört. *(-kenntnisse)*
5) Sie halfen uns, *obwohl sie selber kaum etwas hatten.*
6) Die Mülldeponie wurde angelegt, *obwohl zahlreiche Bürger dagegen waren. (Widerstand)*
7) Der Minister sagte seine Teilnahme zu, *obwohl er Fernsehdiskussionen nicht mochte. (Abneigung)*
8) *Obwohl er den Betrug○ zugab,* wurde er zu einer hohen Geldstrafe verurteilt. *(Geständnis)*
9) *Obwohl sie finanziell noch auf ihre Eltern○ angewiesen ist,* hat sie eine Boutique eröffnet. *(Abhängigkeit)*
10) *Obwohl er 30 Meter○ vor seinem Gegner○ lief,* hatte er Angst, den Lauf doch noch zu verlieren. *(Vorsprung)*
11) *Obgleich der neue Chef tat, was er konnte,* war der Ruin der Firma nicht zu verhindern. *(Bemühungen)*
12) *Obwohl die Verhandlungen kein Ende nahmen,* zeigten sich beide Delegationen optimistisch. *(endlos)*
13) *Obwohl man ihn sofort ins Krankenhaus brachte,* war sein Leben nicht mehr zu retten. *(Einlieferung)*
14) *Obwohl sich die Bergsteiger früh auf den Weg gemacht hatten,* erreichten sie den Gipfel erst gegen drei Uhr. *(Aufbruch)*
15) *Obwohl er viele Leute kennt,* ist er ein einsamer Mensch. *(Bekanntenkreis)*

1) ____________________

2) ____________________

3) ____________________

4) ____________________

5) ____________________

6) ____________________

7) ____________________

8) ____________________

9) ____________________

10) ____________________

11) ____________________

12) ____________________

13) ____________________

14) ____________________

15) ____________________

## 103 Nominalisierung ✖

Formen Sie die Finalsätze in nominale Ausdrücke um.

| **Beispiel:** | Man ergreift Maßnahmen, damit sich die Lage bessert.<br>Man ergreift Maßnahmen *zur Besserung der Lage.* |
|---|---|

Verwenden Sie dabei folgende Wörter: *Beschleunigung, Beseitigung, Einführung, Erhaltung, Erleichterung, Förderung, Linderung, Reinhaltung, Schutz, Senkung, Sicherung, Unterbringung, Vereinfachung, Vereinheitlichung, Verhütung, Verkürzung, Verschönerung, Verstaatlichung.*

Man ergreift Maßnahmen,

1) damit die Vorstädte nicht mehr so häßlich aussehen.
2) damit die Flüchtlinge irgendwo wohnen können.
3) damit die Gemälde nicht beschädigt werden.
4) damit niemand um seinen Arbeitsplatz fürchten muß.
5) damit die Wohnungsnot nicht mehr so schlimm ist.
6) damit die Banken künftig nicht mehr in Privatbesitz sind.
7) damit keine Unfälle passieren.
8) damit die Regeln nicht mehr so kompliziert sind.
9) damit Hilfsaktionen schneller durchgeführt werden.
10) damit die Luft nicht mehr so verschmutzt wird.
11) damit die Gesetze nicht in jedem Bundesland anders sind.
12) damit Berufstätige○ früher in Rente gehen können. *(Rentenalter)*
13) damit die Studenten nicht mehr so lange studieren. *(Studiendauer)*
14) damit es keine sozialen Ungerechtigkeiten mehr gibt.
15) damit neue Geldscheine verwendet werden.
16) damit der Reiseverkehr nicht mehr so schwierig ist.
17) damit junge Künstler bessere Berufschancen○ haben.

Man ergreift Maßnahmen

1) ______________________________
2) ______________________________
3) ______________________________
4) ______________________________
5) ______________________________
6) ______________________________
7) ______________________________
8) ______________________________
9) ______________________________
10) ______________________________
11) ______________________________
12) ______________________________
13) ______________________________
14) ______________________________
15) ______________________________
16) ______________________________
17) ______________________________

## 104 Nominalisierung

Vermeiden Sie den Modalsatz.

**Beispiel:** *Wie der Minister sagte,* werden die Verhandlungen fortgesetzt.
*Nach den Worten des Ministers ...*

1) Georg fuhr nicht mit, *worüber sie sehr enttäuscht war.*
2) Es ist so kalt, *als ob es Winter wäre.*
3) Man verweigerte ihm die Einreise, *ohne zu sagen, warum. (Angabe, Gründe)*
4) Jeder gestaltet sein Leben *so, wie er es für richtig hält. (Weise)*
5) *Was uns betrifft,* gibt es keine Einwände mehr. *(Seite)*
6) Diese Firma ist viel besser als *das, was man über sie erzählt. (Ruf)*
7) Sie erhitzte die Suppe, *wobei sie ständig umrührte.*
8) Er erreicht *dadurch* Kompromisse, *daß er geschickt verhandelt. (-geschick)*
9) Sie hatte eine Tüte eingesteckt, *was ein Glück war.*
10) Er weiß bei Pflanzen so gut Bescheid, *als würde er Biologie unterrichten.*
11) Er machte auf die Gefahr aufmerksam, *indem er laut rief.*
12) Es sieht so° aus, *als ob es bald° regnen würde.*
13) *Wie die Polizei angibt,* wurden vier Personen verletzt.
14) *Soviel ich weiß,* ist dieses Drama noch nicht übersetzt.
15) Sie kleidet sich, *wie die Mode es ihr befiehlt.*
16) *Statt daß man uns kritisierte,* hörten wir nur Lob.
17) Das Medikament ist, *soweit man bis jetzt weiß,* unschädlich. *(Erkenntnisse)*
18) Er verließ die Wohnung nur, *wenn die Sonne schien.*

1) ______________________________
2) ______________________________
3) ______________________________
4) ______________________________
5) ______________________________
6) ______________________________
7) ______________________________
8) ______________________________
9) ______________________________
10) ______________________________
11) ______________________________
12) ______________________________
13) ______________________________
14) ______________________________
15) ______________________________
16) ______________________________
17) ______________________________
18) ______________________________

# 105 Nominalisierung

Formen Sie den kursiv gedruckten Nebensatz in einen nominalen Ausdruck um, der jeweils durch eine Präposition eingeleitet wird.

**Beispiel:** Man beneidet sie *darum, wie sie sich ausdrückt.*
Man beneidet sie *um ihre Ausdrucksweise.*

1) Er wurde aufgefordert, *aus der Wohnung zu gehen.*
2) Sie ärgerte sich, *daß sie sich nichts merken konnte. (Vergeßlichkeit)*
3) Vergeblich warteten wir, *daß er wiederkam.*
4) Alles hängt davon ab, *wie lange die Batterien funktionieren. (Lebensdauer)*
5) Er bedankte sich, *daß man die Entwürfe kritisiert hatte.*
6) Der Staat muß sich *darum* kümmern, *daß es den Bürgern gutgeht. (Wohl)*
7) Ich kann mich *darauf* verlassen, *daß er kein Wort verrät. (Verschwiegenheit)*
8) Wir rechnen *damit, daß der Transport früher als geplant durchgeführt wird. (Vorverlegung)*
9) Achtet *darauf, was der Affe in dieser Situation○ macht! (Verhalten)*
10) Er träumt *davon, daß es sein Sohn einmal besser haben wird als er○. (Zukunft)*
11) Ich erkundigte mich, *wieviel er bei dem Geschäft○ verdient hatte. (Gewinn)*
12) Er überzeugte mich, *daß es ohne Untersuchung nicht geht.*
13) Die alte Frau lebte *von dem Wenigen, was sie gespart hatte. (Ersparnisse)*
14) Wann hört dieser Kerl endlich auf, *so dumme Sachen○ zu sagen? (Gerede)*
15) Die ganze Familie litt *darunter, daß er ein unverträglicher Mensch war. (Wesen)*
16) Wir staunten, *um wieviel besser als früher sie Englisch○ konnte. (Fortschritte)*

1) ______
2) ______
3) ______
4) ______
5) ______
6) ______
7) ______
8) ______
9) ______
10) ______
11) ______
12) ______
13) ______
14) ______
15) ______
16) ______

## 106 Nominalisierung ✖

Formen Sie die kursiv gedruckten Nebensätze in nominale Ausdrücke um.

1) Er wird sich die Augen verderben, *weil er so viel liest.*
2) *Wie der Kanzler sagte,* sind Gespräche geplant. *(Worte)*
3) *Sosehr ich deine Probleme auch verstehe,* ich kann dir nicht helfen.
4) *Je älter man wird, um so* mehr Einsichten gewinnt man.
5) Ich zweifle *daran, daß man sich auf ihn verlassen kann.*
6) Daran werden Sie denken, *solange Sie leben.*
7) *Übersteigt die Temperatur 70°C,* zerfällt der Stoff.
8) Ich sage Ihnen diese Dinge, *damit Sie Bescheid wissen. (Information)*
9) Man war ihm behilflich, *als er sich nach Möbeln umsah.*
10) *Während er früher sein Auto jeden Tag*° *wusch,* wäscht er es jetzt nur noch selten. *(Gegensatz)*
11) Ich hätte die Arbeit übernommen, *wenn es früher gewesen wäre. (Zeitpunkt)*
12) Der Verlag kündigte an, *daß das Buch bald herauskommt. (Erscheinen)*
13) Man verlangt Aufklärung, *wie es mit Ihren Finanzen*° *steht. (Verhältnisse)*
14) *Sooft es an der Tür*° *läutete,* erwartete er die Polizei.
15) Mich würde interessieren, *wie du zu der Sache*° *stehst.*
16) Das Gemälde zeige ich dir, *wenn wir uns den Dom ansehen. (Besichtigung)*
17) Alles gelang, *als ob ein Wunder geschehen wäre.*
18) *Als Karl der Große* Deutschland regierte*°, kam es zu einer kulturellen Blüte.

1) ______________________________

2) ______________________________

3) ______________________________

4) ______________________________

5) ______________________________

6) ______________________________

7) ______________________________

8) ______________________________

9) ______________________________

10) ______________________________

11) ______________________________

12) ______________________________

13) ______________________________

14) ______________________________

15) ______________________________

16) ______________________________

17) ______________________________

18) ______________________________

* Karl der Große = deutscher und französischer Kaiser (768–814)

## 107 Nominalisierung ✖

Formen Sie die kursiv gedruckten Satzteile in nominale Ausdrücke um.

1) Man riet Ruth, *daß sie sich in acht nehmen sollte.*
2) Dieser Farbstoff wurde verboten, *weil er viel Blei enthält. (-gehalt)*
3) Das Kind war *so* müde, *daß es fast umfiel. (Umfallen)*
4) Man traf Vorbereitungen, *um die Burg vor Angriffen zu schützen. (Verteidigung)*
5) Beneidest du ihn, *daß er so viel Wein auf Lager hat? (-vorräte)*
6) Sie sagt nein, *weil sie es immer so macht.*
7) Oma ist gespannt, *wie der Roman weitergeht. (Fortsetzung)*
8) Er kann nicht teilnehmen, *was uns leid tut. (Bedauern)*
9) Er sammelt Münzen nur, *damit es ihm nicht langweilig wird. (Zeitvertreib)*
10) Noch *während sie zur Schule ging,* besuchte sie Ballettkurse.
11) Jeder Verschluß wird kontrolliert, *weil das sicherer ist. (-gründe)*
12) Sie schilderte uns, *wie allein diese Menschen sind.*
13) Fahren wir *dorthin, wo es wärmer ist. (Gegenden)*
14) *So, wie Paul aussieht,* schätzt man ihn auf vierzig.
15) Der Besucher fragte, *worin die Schüler*° *unterrichtet werden.*
16) Das ganze Haus wußte, *daß er nichts so gern las wie Krimis. (Vorliebe)*
17) Man verlangt, *daß er seinen Namen unter den Brief*° *setzt.*
18) Sein Gesundheitszustand verschlechterte sich, *weil er so viel Alkohol trank. (-konsum)*

1) ______________________________
2) ______________________________
3) ______________________________
4) ______________________________
5) ______________________________
6) ______________________________
7) ______________________________
8) ______________________________
9) ______________________________
10) ______________________________
11) ______________________________
12) ______________________________
13) ______________________________
14) ______________________________
15) ______________________________
16) ______________________________
17) ______________________________
18) ______________________________

## 108 Nominalisierung ✖

Formen Sie die kursiv gedruckten Satzteile in nominale Ausdrücke um.

1) Sie erhalten den Text schriftlich, *damit es dann keine Mißverständnisse gibt. (Vermeidung)*
2) Er wird sein Ziel nicht erreichen, *es sei denn, er setzt sich bedingungslos ein. (Einsatz)*
3) *Während man das Theaterstück○ zeigte,* tobte draußen ein Schneesturm. *(Aufführung)*
4) Firma Hofer & Co. bestätigt, *daß sie die Kopien bekommen hat. (Erhalt)*
5) *Da immer mehr Kunden○ nach dem Artikel○ verlangten,* mußte die Produktion erhöht werden. *(Nachfrage)*
6) *Obwohl er viel weniger Punkte○ als sein Gegner○ hatte,* gab er den Kampf nicht auf. *(Rückstand)*
7) Der Aufstieg dauerte fünf Stunden, *was wir nicht erwartet hatten. (wider)*
8) Sie fuhren in Begleitung von Soldaten, *damit sie sich gegen Überfälle wehren konnten. (Abwehr)*
9) *Obwohl man viel für die Sicherheit der Arbeiter○ tat,* kam es immer wieder zu Betriebsunfällen. *(-maßnahmen)*
10) Es ist vorgeschrieben, *daß die Teilnehmer nicht jünger als 18 Jahre sein dürfen. (-alter)*
11) *Obwohl in der Prüfung viel verlangt wurde,* schafften es alle. *(Anforderungen)*
12) *Als sie das Bild anschaute,* hatte sie einen Einfall. *(Betrachten)*
13) *Soweit wir informiert sind,* schließen die Läden um acht.
14) Man muß Maßnahmen treffen, *damit die Arbeitsplätze nicht verlorengehen. (Erhaltung)*
15) Er machte sich viele zum Feind, *weil er unbedingt an die Macht wollte. (-streben)*
16) *Obwohl es in der Schule○ zu wenig Räume gibt,* können alle Kurse stattfinden. *(Raumnot)*

1) ______________________________
2) ______________________________
3) ______________________________
4) ______________________________
5) ______________________________
6) ______________________________
7) ______________________________
8) ______________________________
9) ______________________________
10) ______________________________
11) ______________________________
12) ______________________________
13) ______________________________
14) ______________________________
15) ______________________________
16) ______________________________

# Gestaltung größerer Einheiten

# Textmanipulationen

## 109–112 Rekonstruktion von Texten

### 109 Vertauschte Zeilen: „Seltsamer Spazierritt" (nach Hebel*)

Leider sind beim Druck dieser Erzählung die Zeilen durcheinandergeraten.
Finden Sie die richtige Reihenfolge.

„Das ist nicht recht, Vater, daß du reitest und deinen Sohn
neben dem Esel her. Nach einiger Zeit kam ihnen ein vierter
vom Esel herab und ließ den Sohn reiten. Da begegneten sie
daß ihr für das schwache Tier zu schwer seid?" Vater und
Wanderer. Er sagte: „Steigt sofort ab! Ich habe in meinem
Buben zu Fuß nebenherlaufen. Da kam ein Wanderer und sagte:
So weit kann es kommen, wenn man es allen recht machen will.
Ein Mann ritt auf seinem Esel nach Haus und ließ seinen
Wanderer entgegen. Als er die drei gehen sah, schüttelte er
die Achseln. Auf diese Weise wurde der Esel heimgetragen.
steckten einen dicken Pfahl durch und hoben das Tier auf
wenn zwei zu Fuß gehen? Einer soll doch reiten!" Da banden
einem anderen Wandersmann. Dieser fragte den Sohn zornig:
Du hast jüngere Beine." Da setzten sich beide auf den Esel
laufen läßt. Du hast doch stärkere Glieder." Der Vater stieg
verwundert den Kopf und fragte sie: „Ist es nicht genug,
und ritten eine Strecke. Bald trafen sie einen dritten
Leben nie so dumme Kerle gesehen. Begreift ihr denn nicht,
Sohn gehorchten dem zornigen Mann, stiegen ab und gingen
sie dem Esel die Vorderbeine und Hinterbeine zusammen,
„Wie kannst du reiten und deinen Vater zu Fuß laufen lassen?

### 110 Vertauschte Sätze: „Der Geizhals" (nach J. Gotthelf*)

Der Erzähler der folgenden Geschichte hat zu tief ins Glas geschaut*. Bringen Sie die Sätze der Geschichte in nüchternem Zustand in die richtige Reihenfolge.

An einem Haken hing der Alte. Er ließ den Arzt ruhig gehen und kroch mühsam aus dem Bett. Diese Aussicht erschreckte den Geizhals nicht im mindesten. Er gönnte niemandem etwas, und auf diese Weise wurden die Flammen zu seinem Haupterben. Er rief den Arzt und bat ihn: „Ihr seid gerettet. Schlaft nur weiter!" Dann kehrte er ins Bett zurück und verlor das Bewußtsein. Als der Arzt am nächsten

* Johann Peter Hebel, deutscher Dichter (1760 – 1826)
Jeremias Gotthelf, schweizerischer Volksdichter (1797 – 1854)
zu tief ins Glas schauen = zu viel trinken

Morgen das Zimmer des Kranken betrat, war das Bett leer. Mit tiefer Befriedigung sah er die Scheine brennen und zu Asche zerfallen. Als er aufwachte, dachte er, im himmlischen Jenseits zu sein. Dieser betrachtete ihn mit Staunen und sagte zu ihm: „Euer Zustand ist so schlimm, daß Ihr morgen um diese Zeit eine Leiche sein werdet." Der Arzt antwortete: Einst wurde ein Geizhals schwer krank. „Sagt mir bitte ehrlich: Gibt es noch Hoffnung für mich?" Dann nahm er sein erspartes Geld aus dem Schreibtisch und legte es ins Kaminfeuer. Aber der Himmel sah wie sein altes Zimmer aus, und der Mann vor ihm war nicht der Herrgott, sondern der Arzt.

## 111 Vertauschte Wörter: „Jägerlatein"*

In der folgenden Erzählung sind die vertauschten Wörter an die richtige Stelle zu setzen. Dabei sind Singular und Plural sowie die Kasusformen zu berichtigen.

Einmal gingen drei Hirsche auf die Jagd und wollten einen Kameraden erlegen. Nach ein paar Pausen Marsch wurden sie müde und machten eine Milch . Der erste zog eine Stunde Milch heraus und fragte seine Flasche: „Möchtet ihr nicht davon trinken? Kaffee fördert die Sehkraft." Der zweite widersprach ihm und sagte: „Steck deine Jäger weg und trinke Milch! Nur Nerven beruhigen den Kaffee." Da der dritte schwieg , drehten sie sich zu ihm um und sahen ihn aus einer Miene trinken. Ohne eine Schnapsflasche zu verziehen, erklärte er: „Hand allein gibt einen sicheren Schnaps ." Mitten im Hirsch tauchte plötzlich der Streit auf. Die drei Gewehre schossen sofort die Jäger und legten an. Der erste wackelte nicht, und auch der Schuß des zweiten ging daneben. Der dritte traf mit dem Gewehr, drückte ab – und der Schütze brach getroffen zusammen. Der erfolgreiche Hirsch wurde von seinen Kameraden sehr bewundert. Auf ihr Lob sagte er aber gelassen: „Es war doch so eine große Kunst! Da ist es kein Rudel, einen einzelnen Hirsch zu treffen."

## 112 Falsche Satzstellung: „Die langsame Seele"

Der folgende Text wurde von einem Studenten verfaßt, der von deutscher Satzstellung nur wenig Ahnung hat. Bitte helfen Sie ihm bei der Korrektur.

Fuhr durch die Prärie einmal ein Weißer. Zu sehen kein Mensch war weit und breit. Vor sich bis zur nächsten Stadt er hatte noch mehrere Stunden Fahrt. Einen Indianer sah er in einiger Entfernung da am Straßenrand stehen. Er hielt an, und einstieg der Mann. Verlief die Fahrt schweigend. Plötzlich nach zwei Stunden der Indianer sagte: „Jetzt ich möchte aussteigen. Bitte Sie halten!" Der Weiße verwundert erwiderte: „Doch hier niemand lebt. 300 Kilometer wir noch haben bis zur Stadt." Auf seinem Verlangen der Indianer bestand aber. Ihn der Fahrer aussteigen ließ, doch wurde immer größer seine Neugier. Zuletzt er fragte: „Was Sie denn jetzt machen wollen?" „Ich mich werde setzen an den Straßenrand und warten, bis kommt meine Seele nach", der seltsame Mitfahrer antwortete. Seine Fahrt etwas nachdenklicher als zuvor der Weiße fortsetzte.

* Jägerlatein = erfundene oder übertriebene Erzählung eines Jagderlebnisses

# Textgerüste

## *113 Erläuterung und Übungsbeispiel*

Zusätzlich zu den in den Übungen verwendeten Zeichen finden bei den folgenden Textgerüsten untenstehende Symbole und Abkürzungen Verwendung.

---

| | | |
|---|---|---|
| **Bed** | Bed: | Sänger – erkranken |
| (=Bedingung) | dann: | Konzert – können(/) stattfinden |

*Wenn / Falls* der Sänger erkrankt, kann das Konzert nicht stattfinden.
*Sollte* der Sänger *erkranken*, kann das Konzert nicht stattfinden.

**Weitere Konjunktionen:** *vorausgesetzt (, daß); sonst, andernfalls*

---

| | | |
|---|---|---|
| **dann** | | Franz – gehen |
| | dann: | alle – laufen – Küche |

*Nachdem / Als / Sobald* Franz gegangen war, liefen alle in die Küche.
*Kaum war* Franz gegangen, liefen alle …

---

| | | |
|---|---|---|
| **F** | | ich – sein, (sehr) vergeßlich |
| (=Folge) | F: | (__) – aufschreiben – alles |

Ich bin sehr vergeßlich; *deshalb / deswegen / darum / daher* schreibe ich alles auf.
Ich bin *so* vergeßlich, *daß* ich alles aufschreibe.

---

| | | |
|---|---|---|
| **G** | | wir – unterbrechen – Fahrt |
| (=Grund) | G: | (__) – wollen trinken – Kaffee |

Wir unterbrachen die Fahrt, *weil / da wir* Kaffee trinken *wollten.*
Wir unterbrachen die Fahrt, *denn wir wollten* Kaffee trinken.
Wir unterbrachen die Fahrt; *wir wollten nämlich* Kaffee trinken.

---

| | | |
|---|---|---|
| **Ggs** | | Romane – (gut) sich verkaufen |
| (=Gegensatz) | Ggs: | Gedichte – (kaum) finden – Leser |

*Während* sich Romane gut verkaufen, finden Gedichte kaum Leser.
Romane verkaufen sich gut; Gedichte *dagegen / jedoch* finden kaum Leser.

---

| | | |
|---|---|---|
| **gz** | | wir – fahren – Florenz |
| (=gleichzeitig) | gz: | Sonne – scheinen |

*Als / (Immer) wenn / Sooft / Während* wir nach Florenz fuhren, schien die Sonne.

**R** wir – essen – Fische
(=Relativsatz) R) (___) – (Morgen) fangen – *(Fische)*

Das kursiv gedruckte Wort ist durch ein Relativpronomen zu ersetzen:

Wir aßen die *Fische, die* wir am Morgen gefangen hatten.

ich – (gerade) lesen – Buch
R) Autor *(Buch)* – leben – Chile

Ich lese gerade *ein Buch, dessen Autor* in Chile lebt.

Brüder – besuchen – Dorf
R) (___) – verbringen – Jugend – *(dort)*

Die Brüder besuchten *das Dorf, wo / in dem* sie ihre Jugend verbracht hatten.

---

**Z** Kaufmann – sparen – Geld
(=Zweck) Z: bezahlen – Schulden

Der Kaufmann sparte Geld, *um* seine Schulden *zu* bezahlen.

Rita – verschließen – Tür
Z: niemand – können hereinkommen

Rita verschloß die Tür, *damit* niemand hereinkommen konnte.

---

**zwar / aber** zwar: Plätze – sein, teuer
aber: wir – kaufen – (zwei) Karten

*Obwohl* die Plätze teuer waren, *kauften wir* zwei Karten.
Die Plätze waren teuer; *trotzdem kauften wir* zwei Karten.
Die Plätze waren zwar teuer, *aber / doch wir kauften* zwei Karten.
*Auch wenn* die Plätze teuer waren, *kauften wir* zwei Karten.

## Weitere Zeichen

(Tür) Subjekt ist unterstrichen

(___) Subjekt wie im vorhergehenden Satz

(Tür) Statt des Nomens (z.B. *Tür*) ist das Pronomen (z.B. *sie*) zu verwenden

\+ Reihung: *und; sowie; sowohl …, als auch; nicht nur …, sondern auch; sondern*

: *daß*-Satz oder Infinitivsatz mit *zu*

(= ) Apposition: Oslo (= Hauptstadt (Norwegen) *Oslo, die Hauptstadt Norwegens, …*

P Vorgangspassiv

=P Zustandspassiv

## Übungsbeispiel

Das folgende Textgerüst enthält (außer den Appositionen) alle in den Erläuterungen vorgestellten Zeichen. Lesen Sie das Textgerüst mehrmals, bis Sie die Sätze auch ohne Lösungsschlüssel formulieren können. Märchen werden immer im Präteritum erzählt.

## Ein Märchen

1) arm, Frau – (vor, lang, Zeit) leben – klein, Hütte

2) (___) – (jeder Tag) gehen – Wald
Z: sammeln – Holz

3) (___) – (ein Tag) begegnen – alt, Mann
R) (*Mann*) – tragen – groß, Sack – Rücken

4) (Mann) – grüßen – (Frau)
+ sagen:

5) Bed : „du – (ein Jahr) aufheben* – Sack – dein, Hütte
dann: du – (reich) belohnen (P)

6) du – (aber) dürfen( / ) öffnen – Sack“

7) Frau – stellen – Sack – Ecke
+ legen – alt, Kleider – (auf)(Sack)

8) (ein) Jahr – vergehen
+ r Alte – zurückkommen( / )

9) es – (eine Nacht) werden, so hell – Hütte
F: Frau – meinen:
Sonne – aufgehen (iR)

10) (Frau) – aufstehen
+ sehen:
Sack – leuchten – (wie) Gold

11) diese, Entdeckung – verändern – ganz, Leben (Frau)

12) (Frau) – (anfangs) beachten( / ) – Sack
Ggs: (____) – (jetzt) werden, immer neugieriger

13) (___) – (nachts)(unruhig) sich wälzen – Bett
G: Geheimnis – rauben – Schlaf – (Frau)

14) (Frau) – (schließlich)(nicht mehr) können aushalten – es

15) zwar: (___) – wissen:
es – verbieten (=P)
aber: (___) – beschließen:
öffnen – Sack

16) (___) – hängen – Decke – (vor) Fenster
dann: (___) – anzünden – Kerze
+ gehen – Ecke (Zimmer)

17) (___) – näherkommen
gz: (___) – glauben:
hören – fein, Stimme

* aufheben = bei sich behalten, aufbewahren

## Lösung

Wenn Sie die siebzehn Sätze formuliert haben, überlegen Sie sich, wie das Märchen weitergehen könnte.

1) Vor langer Zeit lebte eine arme Frau in einer kleinen Hütte.
2) Jeden Tag ging sie in den Wald,
um Holz zu sammeln.
3) Eines Tages begegnete sie einem alten Mann,
der einen großen Sack auf dem Rücken trug.
4) Er grüßte sie
und sagte:
5) „Wenn du den Sack ein Jahr in deiner Hütte aufhebst,
wirst du reich belohnt (werden).
6) Du darst ihn aber nicht öffnen."
7) Die Frau stellte den Sack in eine Ecke
und legte alte Kleider darauf.
8) Ein Jahr verging,
ohne daß der Alte zurückkam.
9) Eines Nachts wurde es in der Hütte so hell,
daß die Frau meinte, die Sonne sei aufgegangen.
10) Sie stand auf
und sah, daß der Sack wie Gold leuchtete.
11) Diese Entdeckung veränderte ihr ganzes Leben.
12) Während sie anfangs den Sack nicht beachtet hatte,
wurde sie jetzt immer neugieriger.
13) Nachts wälzte sie sich unruhig auf ihrem Bett,
denn das Geheimnis raubte ihr den Schlaf.
14) Schließlich konnte sie es nicht mehr aushalten.
15) Obwohl sie wußte, daß es verboten war,
beschloß sie, den Sack zu öffnen.
16) Nachdem sie eine Decke vor das Fenster gehängt hatte,
zündete sie eine Kerze an
und ging in die Ecke des Zimmers.
17) Als sie näherkam,
glaubte sie, eine feine Stimme zu hören.

## 114 Münchhausens Reise nach Rußland

Karl Friedrich Hieronymus Freiherr von Münchhausen (1720–1797) war leidenschaftlicher Jäger und Offizier. Im Kreise seiner Freunde erzählte er die unglaublichsten Jagd-, Kriegs- und Reiseabenteuer. Die erste Sammlung seiner Erzählungen erschien zunächst 1785 in Oxford, ein Jahr später auch in Deutschland.

1) Baron von Münchhausen – (seinerzeit) zählen
– berühmtest-, Persönlichkeiten (Welt)
2) (___) – gehen – Jagd – (mit) Bruder (französisch, König)
\+ begleiten – englisch, Forscher Lord Mulgrave – Expedition, (zu) Nordpol
3) (___) – berichten – (auch) Aufenthalt, Unterwelt
R) (___) – führen – (angenehm) Gespräche – Liebesgöttin Venus – (*dort*)

4) russisch, Zar – (einmal) einladen – Münchhausen:
besuchen – (Zar) – Residenz
5) Baron – (mitten, Winter) antreten – Reise
6) G: (___) – wissen:
man – (nur) können reisen – Rußland – schnee- + eisbedeckt, Straßen
7) (___) – (in aller Frühe) satteln – bestes, Pferd
+ aufbrechen
8) klirrend*, Kälte – herrschen
9) Baron – (ganz, Tag) reiten
**bis: Dunkelheit – hereinbrechen
10) ganz, Land – liegen – tief, Schnee
+ Dorf – (weit und breit) zu sehen sein( / )
11) (Baron) – (müde, Reiten) beschließen:
übernachten – frei, Feld
12) (___) – (dieser Augenblick) sehen – Stock
R) (*Stock*) – herausragen – Schnee
13) (___) – hinreiten
+ absteigen
+ binden – Pferd – Stock
14) (___) – (dann) nehmen – beide, Pistolen – (unter) Arm
+ sich legen – Schnee
+ (so gut) schlafen
F: (___) – (erst, heller Tag) aufwachen
15) (___) – aufschlagen – Augen
+ glauben: träumen
16) (___) – liegen – (mitten) Dorf, Friedhof, (neben) Kirche
17) (___) – (suchend) um sich blicken
+ (aber) entdecken können( / ) – Pferd
18) (___) – (auf einmal***) hören – Wiehern, (in) Luft
+ heben – Kopf
+ sehen – Pferd – jämmerlich, Lage
19) arm, Tier – festbinden (=P) – Kirchturmspitze
+ herunterhängen – von da
20) Münchhausen – (sogleich) wissen:
was – (Nacht) geschehen
21) ungeheuer, Schneefall – begraben – ganz, Dorf – (bis) Kirchturm

* klirrende Kälte = sehr starke Kälte
** Nebensatz mit der Konjunktion *bis*
*** auf einmal = plötzlich

22) (Münchhausen) – schlafen

gz: Tauwetter – (plötzlich) einsetzen

+ Schnee – (langsam) schmelzen

23) Münchhausen – (immer tiefer) sinken

*bis: (___) – erreichen – Erdboden

24) „Stock" – sein – Kirchturmspitze

R) (Münchhausen) – (Dunkelheit) binden – Pferd – (an)(*„Stock"*)

25) (Münchhausen) – (lange) nachdenken( / )

+ nehmen – eine (beide Pistolen)

+ schießen – Seil

R) Pferd – anbinden (=P) – (mit)*(Seil)*

26) Seil – zerreißen

+ Tier – (glücklich) landen – Erde

27) Münchhausen – fortsetzen – Reise

* Nebensatz mit der Konjunktion *bis*

## 115 Der Ritt auf der Kanonenkugel

1) Baron von Münchhausen – (bei, Türkenkriegen*) dienen – russisch, Armee
2) Soldaten – (einmal) einschließen** – feindlich, Festung
3) Belagerung – (bereits beträchtlich lange) dauern

+ Munition + Verpflegung – beginnen:

werden, knapp

4) Festung – (gut) schützen (=P)

F: es – sein, unmöglich – Belagerer (Pl.):

auskundschaften – Lage (Verteidiger, Pl.)

5) niemand – wagen(KII):

sich schleichen – (durch) Wachen – (in) Festung

6) Baron – (da) haben – glücklich, Einfall
7) (___) – sich stellen – neben eine, größte, Kanone
8) Schuß – (gerade) abfeuern (P)

gz: (Baron) – springen – Kugel

Z: gelangen – Festung (Türken)

9) Bedenken – (jedoch)(auf halbem Weg) kommen – (Baron)

* Türkenkriege = Kriege Rußlands gegen die Türkei im 18. und 19. Jahrhundert

** Konstruktion mit dem Plusquamperfekt

10) (Baron) – hineinkommen(KII)
aber: (___) – (wie?) sollen – (wieder) herauskommen
11) (___) – Lust haben (/):
hängen (P) – Galgen
12) (___) – nachdenken – künftig, Schicksal (Baron)
gz: Kanonenkugel – (plötzlich) entgegenfliegen – (Baron)
R) (___) – abschießen (P) – Feinde
13) Münchhausen
– (kurz entschlossen) springen – Kugel – anders, Kugel
+ (wohlbehalten) ankommen – Kameraden

## 116 Kaspar Hauser ✖

1) jung, Mann, bäuerlich, Kleidung – (Pfingstmontag 1828) erscheinen – Markt, Nürnberg
2) Unbekannter – auffallen – verwildert, Aussehen + ungeschickt, Verhalten
3) (___) – tragen, bei sich – Brief
R) (*Brief*) – richten (=P) – an, vornehm, Bürger (Stadt)
4) (zwei) Schuster – abliefern – Mann – (bei) Torwache
R) (*Torwache*) – übergeben – (Mann) – Polizei
5) Unbekannter – (dort) angeben:
(___) – (von Kindheit an) halten(iR; P) – eng, Raum
+ ernähren (P) – Wasser + Brot
6) ein, Mann – (notdürftig) beibringen(iR) – lesen + schreiben – (Unbekannter)
7) er selbst – tun dürfen( / ) (iR) – Schritt ins Freie
8) Befragung (jung, Mann) + Inhalt (Brief) – Aufschluß bringen( / ) – Herkunft (Unbekannter)
9) (auch) Name „Kaspar Hauser" – weiterhelfen( / )
R) Findling – schreiben – (*Name*) – Zettel
10) wildest-, Gerüchte – (rasch) sich verbreiten
11) die einen – halten, (für) Betrüger – (Findling)
+ die anderen – glauben:
(Findling) – sein – unehelich, Sohn (adelig, Eltern)
12) König – versprechen – Belohnung, 10000 Gulden* – (Person)**
R) (*Person*) – lösen können(KII) – Rätsel, (um) Unbekannter
13) alle, Bemühungen – (aber) sein, vergeblich

* Gulden = alte Gold- oder Silbermünze
** Relativsatz mit ... *demjenigen, der* ...

14) Kaspar Hauser – (zunächst) kommen – Gefängnis
+ (dann jedoch) übergeben (P) – Professor – Erziehung
15) es – berichten (P):
(Hauser) – (Anfang) sein, sehr wißbegierig
+ verfügen – ausgezeichnet, Gedächtnis
16) Interesse (Hauser) – (bald, allerdings) sollen* nachlassen
17) Fortschritte (Hauser) – bleiben, gering
18) (Hauser) – (ein, Tag) kommen, nach Hause – (mit) Kopfverletzung
R) Unbekannter – (angeblich) zufügen – (*Kopfverletzung*) – (Hauser)
19) Suche, (nach) Täter – bleiben, erfolglos
20) Hauser – (1831) bringen (P) – Ansbach**
R) (___) – erhalten – Stelle, (bei) Gericht – (*dort*) – (wegen)(schön) Schrift
21) (___) – (14. Dezember 1833) zurückkommen – tief, Stichwunde – Park
+ (drei Tage später) sterben
22) es – (nie) aufklären (P):
(Hauser) – (?) ermorden (P) – oder (?) verüben – Selbstmord
23) Schicksal (Kaspar Hauser) – finden – ungeheuer, Interesse – damalig, Öffentlichkeit
24) Berichte, (über) Findling – nachdrucken (P) – Frankreich, England + skandinavisch, Länder
25) „Findelkind Europas" – werden – Sensation – Amerika
26) Tausende (Publikationen, über Kaspar Hauser) – (seitdem) schreiben (P)
27) (in) Gedichte, Romane, Schauspiele –
deutsch + ausländisch, Schriftsteller – sich beschäftigen – Schicksal (Hauser)
28) Film, (über) Leben (Findling) – (vor, einige, Jahre) drehen (P)
29) Grab (Findling) – (auch heute noch) schmücken (P) – Blumen – Unbekannte (Pl.)

* *sollen* hier in der Bedeutung von „angeblich" (vgl. Übung 68)
** Ansbach = Stadt in Bayern

# 117/118 Zwei Sachtexte aus der Biologie

## 117 Der Fuchs

1) Fuchs – sein – hundeartig, Raubtier
2) in Europa beheimatet, Rotfuchs
– erreichen – Gesamtlänge, ca. 1,2 m
+ wiegen – (bis zu) 10 kg
3) (___) – besitzen – lang + spitz, Schnauze
+ buschig behaart, Schwanz

4) Gebiß – sein, kräftig
+ (in der Regel) aufweisen* – 42 Zähne
5) Nahrung (Fuchs) – sein, sehr vielfältig
6) (___) – bestehen – (vor allem) Wirbeltiere + Kleingetier
7) Fuchs – (aber auch) fressen – krank, Tiere + Aas
8) (___) – rauben – Obst – Gärten
9) (___) – leben – selbstgegraben, unterirdisch, Bau
R) Füchsin – (auch) zur Welt bringen – Junge (Pl.) – (*in Bau*)
10) klein, Füchse – (erste Tage) sein, blind
+ (reichlich) versorgen (P) – Mäuse, Frösche, Vögel
11) (___) – (Alter, zwei Monate) – beginnen:
jagen – auf eigene Faust** – oder in Begleitung (Alte, Pl.)
12) Füchse – sein – Einzelgänger
+ werden, alt – (bis zu) 12 Jahre
13) Wolf + Hund – (leicht) sich kreuzen
Ggs: Mischlinge, Fuchs ↔ Hund – vorkommen( / )
14) Füchse – (häufig) sein – Überträger (Tollwut)
15) (___) – impfen (P) – präpariert, Fressen
Z: vorbeugen – Erkrankung
16) es – (kaum) geben*** – Tier
R) (*Tier*) – eingehen, (in)(so viel) Fabeln
17) Fuchs – sein, (zugleich) schlau + falsch
+ überlisten – alle, anders, Tiere

* aufweisen = haben, besitzen, verfügen über
** auf eigene Faust = selbständig, ohne fremde Hilfe
*** Formulieren Sie den Satz als Vermutung

## 118 Das Krokodil ✖

1) Krokodile, (wie) Schildkröten + Schlangen – gehören – Gattung (Reptilien)
2) Haut – bedecken (=P) – trocken, Hornschuppen
3) (Krokodile) – kommen – Ufer
Z: sich sonnen
oder: ablegen – Eier
4) (___) – (dabei)(nie weit) sich entfernen – Wasser
5) Nahrung – (hauptsächlich) bestehen – Wasservögel + Landtiere
R) (*Landtiere*) – kommen – Tränke
6) Krokodile – angreifen – (selbst*) Tiere
R) (___) – können( / ) verschlingen, im ganzen – (*Tiere*)

* selbst = hier: sogar

7) einige, Arten – ablegen – Eier – selbstgegraben, Sandgruben, Ufer
8) Weibchen (Pl.) (anders, Arten) – zusammentragen – Laub + Zweige
+ errichten – fast meterhoch, Hügel – (über) Eier
9) (dieses) Pflanzenmaterial – (allmählich) übergehen, in Fäulnis
+ (dabei) sich erhitzen
+ beschleunigen – Entwicklungsprozeß (Junge, Pl.)
10) man – (bis heute) jagen – Krokodile – (wegen) Haut
R) (*Haut*) – verarbeiten (P) – wertvoll, Lederwaren
11) (___) – (fast) ausrotten – einige, Länder
+ (aber wieder) sich vermehren – dank staatlich, Schutzmaßnahmen
12) alt, Ägypten –
Krokodile – (teils) verfolgen (P)
+ (teils) verehren (P) + einbalsamieren (P)
13) Krokodil – vergießen* – Tränen – nach, alt, Sage
Z: anlocken + auffressen – Opfer
14) F: geheuchelt, Tränen – bezeichnen (P) – Krokodilstränen

* Tränen vergießen = weinen

## 119–122 Vier Briefe

In den folgenden vier Textgerüsten bezeichnet A den Schreiber, B den Empfänger des Briefes. Wenn Sie ein Wort in spitzen Klammern lesen, dann setzen Sie den Namen der Stadt, Universität usw. ein, der in Ihrem Fall zutrifft (z.B. Universität Köln).

## 119 An das Fremdenverkehrsbüro Berlin

Ein Student plant seine Ferien und schreibt aus diesem Grund nach Berlin.

1) sehr geehrt, Damen und Herren
2) A – sein – Student, <Universität>
+ (Semesterferien)(gern) kennenlernen (KII) – Berlin
3) F : A – bitten:
schicken – Prospekte, Sehenswürdigkeiten (Stadt)
+ Veranstaltungskalender, Monat August
4) ? es – geben – Möglichkeit:
wohnen – Studentenheim
5) falls nicht,
A – bitten – Angabe (preiswert, Unterkünfte)

6) A – motorisiert sein( / )
F : A – (gern) wissen (KII):
Touristen – erhalten (?) – verbilligt, Wochenkarten, (für) Berliner Verkehrsbetriebe
7) ? es – geben – ermäßigt, Theaterkarten – gegen Vorlage (Studentenausweis)
8) A – (im voraus) danken – Mühe (B)
9) mit, freundlich, Gruß

## 120 An die Firma Hoger & Co.

Sie möchten sich in den Semesterferien etwas Geld verdienen und schreiben deswegen an eine Firma.

1) sehr geehrt, Damen und Herren
2) A – sein – <Nationalität>
+ studieren – <Universität> – <Fächer>
3) A – erfahren – Assistent:
Firma (B) – beschäftigen – studentisch, Hilfskräfte
4) A – beherrschen – <Sprache(n)>, in Wort und Schrift
+ können maschineschreiben
+ besitzen – Führerschein Klasse 3
5) A – (kommen, Semesterferien) fahren( / ) – Heimat
F : A – mögen sich bewerben – Ferienstelle – B
6) A – sich freuen(KII) – Gelegenheit, persönlich, Gespräch
7) mit, freundlich, Grüße

## 121 Antwort auf eine Wohnungsanzeige

Sie wollen zum Herbst die Universität wechseln und suchen eine Wohnung.

1) Betr.: Ihre Wohnungsanzeige <XY> in der <Zeitung>
2) (in) <Zeitung> <Datum>
– B – anbieten – möbliert, Zimmer, (mit) Zentralheizung + warm, Wasser – (für monatlich) <Preis>
3) A – (ab WS* <Jahr>) bekommen – Studienplatz – Uni <Ort>
F : A – (sehr) sein, interessiert – Angebot (B)
4) A – stammen – <Stadt>
+ sein, <Alter> Jahre alt
+ (z.Zt.) studieren – <Uni> – <Fächer>
5) A – (mit Mietbeginn) können (KII) stellen – gewünscht, Kaution
6) falls nötig,
A – (auch) können (KII) anbieten – Referenzen – B

* WS = Wintersemester

7) A – (gern) kommen – <Stadt>
Z: ansehen – Zimmer
+ vorstellen – A – B
8) B – können (direkt) erreichen – A – Nr. <Telefonnummer> – abends <Zeit>
9) A – sein (KII), (sehr) dankbar – positiv, Antwort
10) mit, freundlich, Grüße

## *122 Reklamation wegen fehlerhafter Ware*

Sie haben bei einer Firma ein Gerät gekauft, aber zu Hause müssen Sie feststellen, daß es nicht richtig funktioniert.

1) sehr geehrt, Damen und Herren
2) A – <Datum> kaufen – bei B – <Gerät> – <Preis>
3) A – wollen anschließen – <Gerät> – zu Hause
gz: A – (leider) müssen feststellen:
<Gerät> – <Mangel>
4) F : A – bitten – B:
schicken – Kundendienst
Z: <Gerät> – können reparieren (P) – oder – (notfalls) können umtauschen (P)
5) A – bitten – B – anrufen, Beginn (kommend, Woche)
Z: vereinbaren – Termin
6) mit, freundlich, Grüße

# Rätselecke

## *123 Kreuzworträtsel*

Aus den Buchstaben der Kreisfelder läßt sich der Name einer Stadt zusammensetzen, in der sich das größte technische Museum der Welt befindet (UE = Ü).

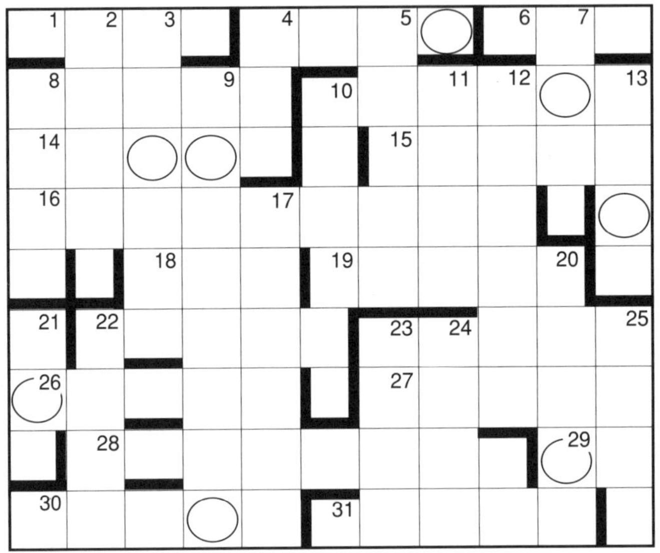

**Waagerecht**

**1)** deutscher Komponist unseres Jahrhunderts, der ein berühmtes Schulwerk für Musik schuf **4)** Da kommt die Zahnpasta raus **6)** Alter Abschiedsgruß **8)** Das kann bei der Gitarre reißen **10)** Dort sind alle Löwen und Tiger zahm (= nicht mehr wild) **14)** Das bleibt von einem verbrannten Brief übrig **15)** Das besitzt ein Schüler angeblich, wenn er das Abitur geschafft hat **16)** Wenn es alle wüßten, dann wäre es keins **18)** Höchstes Fußballerglück, auch: Narr **19)** Große Industrieausstellung (z.B. in Leipzig) **22)** Manche Muscheln enthalten etwas, was schöne Frauen am Hals tragen **23)** Wenn eine Ware das nicht hat, ist sie kostenlos **26)** bekannter „Exportartikel" Siziliens **27)** Dieser typische Skandinavier sitzt angeblich den ganzen Tag in der Sauna **28)** Verliebte wollen immer zusammenbleiben und können sich so etwas gar nicht vorstellen **29)** Wer war zuerst auf der Welt: die Henne oder das … ? **30)** Mach ihn dir zum Freund, wenn du ihn nicht als … haben willst **31)** Töpfe verschließt man mit einem Deckel, Augen haben … (Pl.)

**Senkrecht**

**2)** Das fragt die Frau, wenn ihr Mann 180 km / h fährt: „Mußt du so …?" **3)** Diese Baumart findet man in Deutschland zu Weihnachten in fast jeder Wohnung **4)** Manche trinken ihn mit Milch, manche mit Rum, manche mit Zitrone usw. **5)** Dieses Wort kann eine Frucht, aber auch eine Lichtquelle bedeuten **7)** Guter Geruch **8)** Erzählung aus alter Zeit, die ein bißchen märchenhaft klingt **9)** Das Gegenteil von „Praxis" (Pl.) **10)** Daraus besteht eine Wohnung **11)** Manchen Menschen muß eine Schale davon als tägliche Nahrung genügen **12)** Das Sprichwort sagt: „Ein gutes Gewissen ist das beste Ruhe-…" **13)** Würste ohne … schmecken nicht **17)** Dieses Land heißt auch „die grüne Insel" **20)** Nicht zwei Bälle, sondern nur ... **21)** Zu „Behörde" sagt man auch ... **22)** Zeuge bei einer (christlichen) Taufe **23)** Das sagen die Deutschen, wenn ein kleines Kind etwas Unanständiges macht **24)** Zu welcher Tierfamilie gehören Kuh, Stier und Kalb? **25)** Hoffentlich hält das, sonst fällt der Bergsteiger in die Tiefe

**Lösung:** ____________________

## *124 Kästchenrätsel* ✖

In jeder Zeile sind zwei Lösungswörter zu erraten, von denen das zweite im Kästchen in der Mitte beginnt. Die beiden Wörter haben einen, zwei oder drei Buchstaben gemeinsam. Die Anzahl ist in Klammern angegeben.

**Beispiel:** WASS [ER] LEBNIS (2).

Bei richtiger Lösung ergeben die Buchstaben in den Kästchen, den Zeilen nach gelesen, ein deutsches Sprichwort. (Ö = OE)

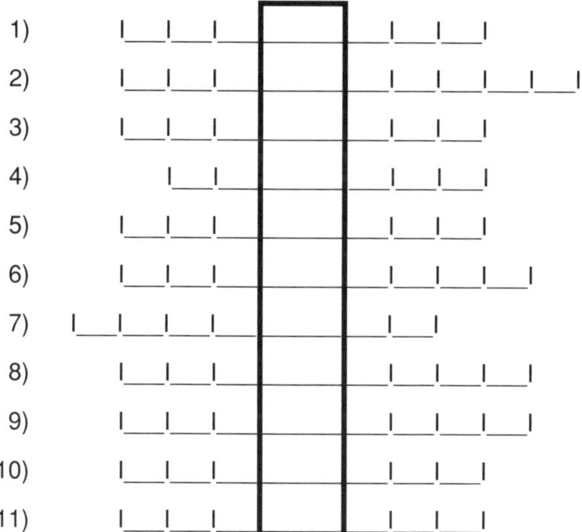

1) Darauf stellt man Bücher / / Buch zum Einkleben von Urlaubsfotos (2)
2) Gerät zum Fangen von Tieren / / Erzählung über heilige Menschen (2)
3) (hohe) Singstimme der Frau / / So riecht (oder schmeckt) alte Butter (3)
4) Weiches Sitzmöbel für mehrere Personen / / Erzählung, in der sich Tiere wie Menschen benehmen (2)
5) Beliebtes Ziel von Boxerfäusten / / Vogelwohnung (1)
6) Daran erkennt man (meist) Verheiratete / / Kleine, schmale Straße (1)
7) Wenn sich ein Arzt selbständig macht, eröffnet er eine ... / / Fluß durch München (2)
8) Der ... frißt Löcher ins Metall / / feiner (runder) Kuchen auf dem Geburtstagstisch (1)
9) Jäger jagen dieses (männliche) Tier besonders gern / / Darauf fahren alle Züge von Nord nach Süd (Singular) (3)
10) Vogel, der an allen Küsten zu Hause ist / / Bewegung an der Wasseroberfläche (2)
11) Das hinterläßt eine schwarze Katze im Schnee / / Das fühlt der Dieb, wenn ihm seine Tat leid tut (1)

**Lösung:** ____________________

## *125 Kästchenrätsel ✖*

Tragen Sie wie in der vorigen Übung jeweils zwei Lösungswörter in die Kästchen ein. Die beiden Wörter haben einen, zwei oder drei Buchstaben gemeinsam (Zahl in Klammern). Auch hier ergeben die umrandeten Kästchen, den Zeilen nach gelesen, ein deutsches Sprichwort. (ß = SS; Ü = UE)

1) __ __ [ __ ] __ __

2) __ __ __ [ __ ] __ __

3) __ __ __ [ __ ] __ __

4) __ __ __ __ [ __ ] __ __ __

5) __ __ __ [ __ ] __ __ __

6) __ __ __ __ [ __ ] __ __ __

7) __ __ __ __ [ __ ] __

8) __ __ __ [ __ ] __ __ __ __

9) __ __ [ __ ] __ __

10) __ __ __ __ [ __ ] __ __ __ __ __ __ __

11) __ __ __ [ __ ] __ __ __ __

12) __ __ __ [ __ ] __ __ __ __

13) __ __ __ [ __ ] __ __ __ __

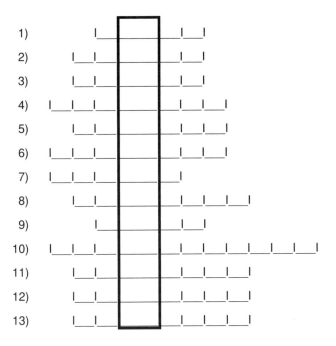

1) Zu welcher Tierfamilie gehört die Kuh? / / andere Konjunktion für „dadurch, daß" (3)
2) Blutbahnen / / Gegenteil von Fröhlichkeit (3)
3) Wasserfahrzeug / / deutscher Kaisername im Mittelalter (2)
4) Darin kocht Mama die Suppe / / Tierchen, das gern im Hundefell wohnt (oder: Präteritum eines Verbs der Bewegung) (1)
5) Griechische Mythologie: Wer mußte unter drei Frauen die Schönste wählen? / / Gefahr, Wagnis (3)
6) Erleichterung im Leid / / Fall (2)
7) Anderes Wort für Rundfunkstation / / grob, ohne Feinheit (z.B. von Witzen, Scherzen) (3)
8) Ein Mensch, der eine Nachricht überbringt / / „Kirche" bei den alten Griechen (2)
9) Pferdeschuh / / Rand eines Gewässers (2)
10) Werkzeug zum Nähen / / Aus diesem Material ist der Elefantenzahn (2)
11) Wenn alle meinen, Dr. Heinrich sei ein guter Arzt, dann hat Dr. Heinrich in dieser Stadt einen guten … / / altes Schreibwerkzeug (1)
12) dünne Haut aus Kunststoff (zum Verpacken) / / zusenden (von Waren) (3)
13) Verdauungsorgan / / gesund werden (3)

**Lösung:** ________________________________________

## 126 Kästchenrätsel ✖

Die stark umrandeten Kästchen verlaufen jeweils mit einem Knick von oben nach unten. Liest man sie in dieser Richtung (und links beginnend), so ergibt sich ein bekanntes deutsches Sprichwort. Die beiden Wörter haben einen, zwei oder drei Buchstaben gemeinsam (Zahl in Klammern; Ä = AE; Ü = UE).

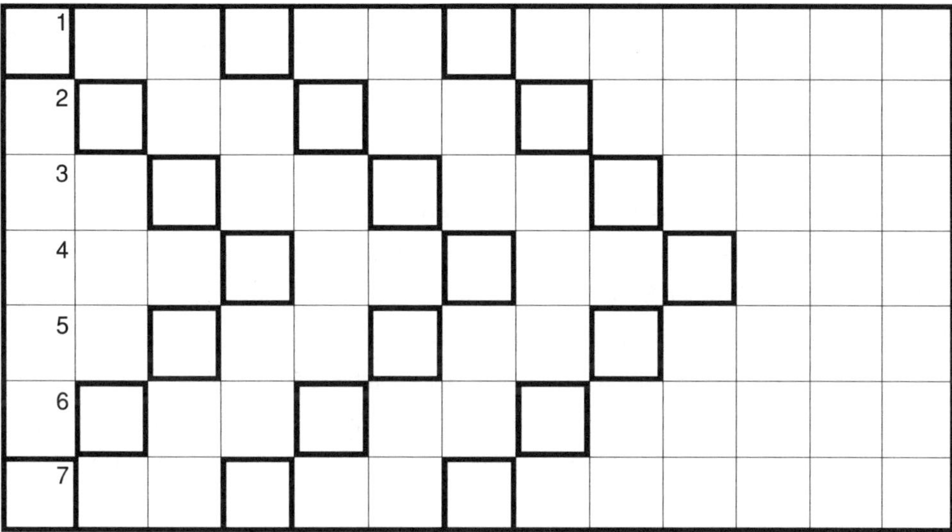


1) Eine Gruppe von Schülern bildet zusammen eine Klasse; und eine Gruppe von Fußballmannschaften eine ... / / Frauen, die Kranke heilen können (1)
2) Wenn der Sänger gut gesungen hat, fordern die Zuhörer am Ende des Konzerts eine ... / / Brief an eine Firma, in dem man sein Interesse an einer Arbeitsstelle mitteilt (2)
3) Es ist klein, fliegt und saugt gern Blut / / „Lohnt sich das noch, wenn Sie in meinen alten Wagen einen neuen Motor ... ?" (1)
4) Damit Hemden und Blusen schön glatt sind, muß man sie ... / / Müller ist unser Nachbar; wenn Sie zu ihm wollen, müssen Sie ... klingeln (1)
5) Das war für Europa die „Neue Welt" / / Darin hat der Autofahrer sein Reservebenzin (2)
6) Vor dem Sprung braucht der Springer mindestens 20 Meter davon / / Wenn Züge auf dem Bahnhof durchfahren, dann haben sie keinen ... (3)
7) So sagte man früher zu einer Armee / / Damit fahren die Leute auf dem See spazieren (Pl.) (1)

**Lösung:** ______________________________

## 127 Silbenrätsel ✖

Die Lösungswörter setzen sich aus den folgenden Silben zusammen. Jede Silbe darf nur einmal verwendet werden. Die ersten und vierten Buchstaben ergeben, jeweils von oben nach unten gelesen, ein deutsches Sprichwort.

AN – BE – BE – BE – CON – DAM – DEN – DI – EHE – EIN – ENT GEN – GEN – GER – HUN – LE – LEHR – LEN – LICH – LOHN – ME MEN – MIS – MUS – NER – NI – OP – REI – SCHER – SCHIE – SCHNAL – SEN – STUHL – TAI – TI – TEN – TIER – TRA – UN – UN VER – WE – WIR – ZIN

1) (mit Worten) in die Hölle schicken 2) Lebenseinstellung eines Menschen, der keine Angst vor der Zukunft hat 3) Ein Stein ist tote Materie, Mensch und Tier dagegen sind … 4) Stelle eines Professors an einer Universität 5) Würden Sie bitte Ihren Namen in die Liste … 6) sauber machen 7) einem Gast zu essen und zu trinken geben 8) sich im Auto mit dem Gurt befestigen 9) Ein Kind, das außerhalb einer Ehe geboren wurde, ist … 10) Großer Behälter (z.B. für Altglas) 11) Sehr geringer Lohn 12) Stück von einem zerbrochenen Gegenstand (z.B. Tasse) 13) Wissenschaft von den Tierkrankheiten und ihrer Heilung 14) Wie nennt man im Sport ein Ergebnis wie z.B. 1:1 ?

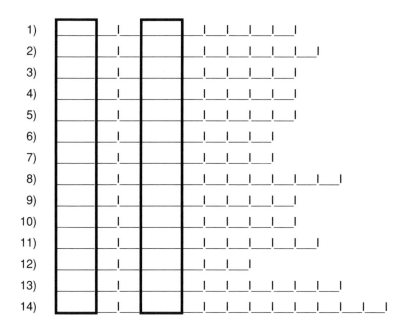

1) 

2) 

3) 

4) 

5) 

6) 

7) 

8) 

9) 

10) 

11) 

12) 

13) 

14) 

**Lösung:** ____________________

## 128 Silbenrätsel ✖

Die ersten und sechsten Buchstaben ergeben (jeweils von oben nach unten gelesen) einen Spruch von Erich Kästner (1899–1974). (Ä = AE, Ü = UE)

BE – BE – CHO – EI – ES – FER – FOR – GE – GE – GEIS – GELD – GEN – HORN – IN – IN – LE – MA – MES – NAS – NEN – NI – PEN – PRES – RA – RAEUSCH – RUNG – SA – SCHEN – SE – SO – STADT – TE – SUCHT – TA – TAE – TAN – TER – TER – TER – TION – TRAU – TRO – UEBER – UN

1) starkes Neidgefühl (meist gegenüber dem eigenen Geschlecht) 2) jemand, der in Erster Hilfe ausgebildet ist 3) auf der anderen Seite 4) zentraler Teil einer Stadt 5) freudige Erregung, Jubel 6) kleine Summe, die man Kindern regelmäßig gibt 7) anderes Wort für Rhinozeros 8) Auskunft 9) schwere Infektionskrankheit („ch" = 1 Buchstabe) 10) heiße Zone auf beiden Seiten des Äquators 11) Einteilung des Studienjahres 12) Ton, Laut, Schall 13) Bürger einer Monarchie 14) Frucht, aus der Wein gewonnen wird 15) starker Kaffee nach italienischer Art

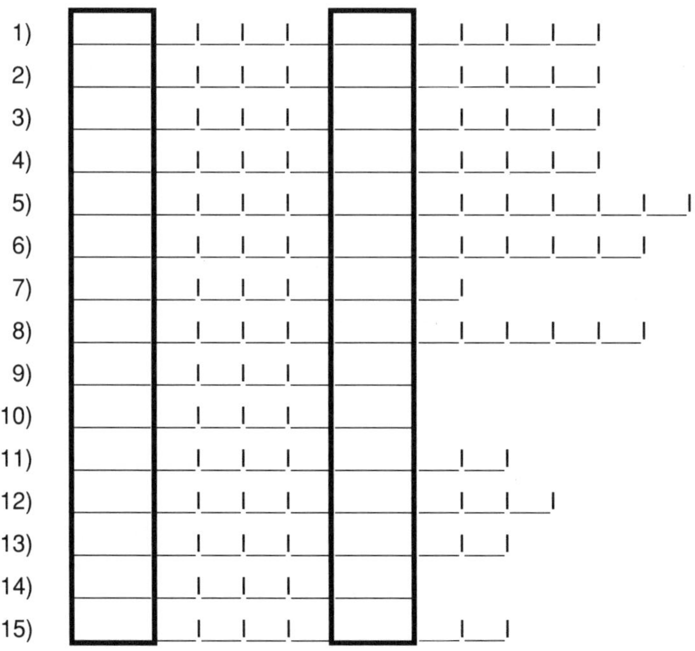

Lösung: ______________________________

## 129 Großes Kreuzworträtsel ✖

Die Kreisfelder ergeben, von oben nach unten gelesen und von links nach rechts gehend, ein deutsches Sprichwort. (Ä = AE; ß = SS)

**Waagerecht**

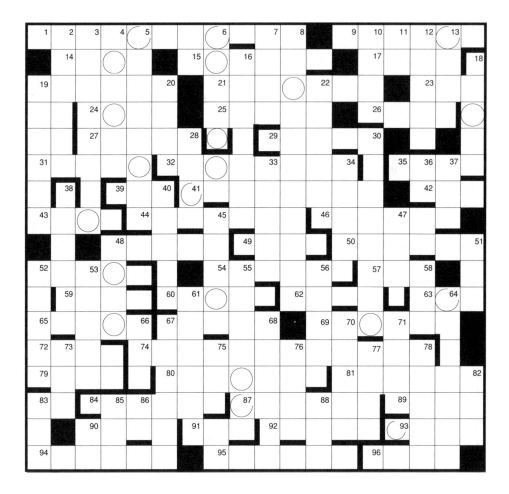

1) Dort wartet man auf den Autobus 9) Mit dem Mund Wind machen 14) Dieses Lebewesen war schon vor dem Menschen auf der Erde 15) Dort kann man auf einen Blick sehen, wieviel ein Geschäftsmann ausgegeben und eingenommen hat 17) Tier mit sehr vielen Stacheln 19) Wer berufstätig sein möchte, muß sich das suchen 21) Wie ist man, wenn man weder den einen noch dessen Gegner unterstützt? 23) So ist das Gemüse, nachdem es gekocht ist 24) Dieses Metall machte Benzin so gefährlich 25) In dieser bräunlichen Flüssigkeit liegt das gebratene Fleisch 26) So hören christliche Gebete auf 27) Inneres Organ, das Alkohol nur schlecht verträgt 29) Wenn die Bücher nicht noch in den Kartons liegen, dann stehen sie dort 31) Dahinter denkt man 32) Zeitalter, in dem das Gefühl das Wichtigste war 35) „Verschönerung" des männlichen Gesichts 39) Präposition in fast jedem Ultimatum 41) Das sieht man in der Ferne, wenn nichts davor steht 42) Das braucht man vom anderen, wenn man Schwierigkeiten hat 43) Wenn ich in deiner ... wäre, wüßte ich,

was ich täte 44) Süße österreichisch-bayerische Mehlspeise, aber auch gefährliche Stelle im Fluß 46) (meist ungiftige) Schlangenart 48) So heißen die kleinen Härchen, bevor der Bart kommt 49) So ein Lied hört man nur in der Oper 50) Das macht jede Wunde, wenn sie frisch ist 52) Gepflegte Wiese, auf der man auch Golf spielen kann 54) Alle großen Flüsse waren vorher ... 57) „Sie wollen mich wohl auf den ... nehmen", sagte sie, als ich mich über sie lustig machte (idiomatisch) 59) Darin unterscheiden sich Kirchen aus verschiedenen Epochen 60) Dschungelseil (Tarzans Hilfsmittel) 62) Tier, das manchmal in der Suppe landet 63) Der erste Mann im Kloster 65) So sagen Frankophile (in Frankreich Verliebte) zu „Stockwerk" 67) Das erwartet man von höflichen Menschen, wenn man ihnen begegnet 69) Darauf tritt jede Radfahrerin 72) Ganz weicher Stoff 74) Erst wenn man ihr regelmäßig Geld zahlt, fühlt man sich wirklich sicher 79) So heißt die Zeitschrift der deutschen Feministinnen 80) Wenn man die Biene beim Honigsammeln stört, tut sie das 81) Die einzige schriftliche Erinnerung an eine alte Liebe (Pl.) 83) Abkürzung für „Altes Testament" 84) Mensch aus Stein 87) Eltern ... für ihre Kinder, wenn diese irgend etwas beschädigen 89) alter Name für Thailand 90) Dieses Tier bringt deutschen Kindern die Ostereier 91) Das braucht man, wenn man etwas Gefährliches machen will 92) Daran hält man den ungehorsamen Hund, wenn man ihn spazierenführt 93) Das kälteste Haus der Welt 94) Darauf gehen Frauen, egal ob sie Schuhe tragen oder nicht (Pl.) 95) Vom zweiten in den dritten Stock gelangen Sie mit dem Fahrstuhl oder über die ... 96) Nur dumme Menschen bezeichnen dieses Tier als dumm

**Senkrecht**

2) Das braucht der Chef, sonst glaubt er nicht, daß man krank ist 3) So sagt man zu dem Menschen, den man sehr gerne hat 4) Zu Kindern sagt man, sie sollen ihn leer essen 5) Je größer und schöner das war, um so länger erinnert man sich daran 6) Manche Märchen beginnen mit diesem Wort 7) Wenn man dieses Lebewesen bei sich in den Haaren findet, ist es mit der Tierliebe vorbei 8) anderes Wort für „schrecklich" 10) Farbe zwischen rot und blau 11) So schreibt der Chemiker Silber 12) Bevor die Gläubigen die Kirche verlassen, bekommen sie vom Pfarrer das 13) Wer eine Aufgabe mit frischer Kraft beginnt, der hat das 16) Katzenähnliches Tier, nur größer und etwas gefährlicher 18) Wer die Wirklichkeit nicht sieht, hat das vor dem Kopf (idiomatisch) 19) Darin sitzt nicht nur der Opa gern 20) Vögel und Krokodile legen .... 22) Wissenschaftler benutzen manchmal dieses Wort anstelle von „Gebiet" 28) Was ist das: es ist rund, lang, aber hohl? 30) Die Hauptstadt davon heißt Riga 33) Jeder Mensch hat nur einen Magen, aber davon hat er zwei 34) Schauen Sie in Goethes „Erlkönig" nach! Wen hatte der Vater im Arm? 36) 10 x 10 $m^2$ 37) Anderes Wort für „selten" 38) So ein Haus kann sich kaum jemand leisten 40) In der guten alten Zeit wohnten die Kälber dort 45) Wenn Ihnen Ihr Haus nicht gefällt, verkaufen Sie es oder machen Sie das! 47) Dort stand der Ritter, wenn er wissen wollte, ob der Feind kam 48) ohne Mut 51) Er schaffte die Prüfung, aber nur mit Mühe und ... 52) So einen großen Mann gibt es wahrscheinlich nur im Märchen 53) Teil eines Baums oder eines Volkes 55) So denken nicht nur meine Freunde, ich bin genau derselben ... 56) Autofahrersprache 58) Zwei ... zwei ist vier 61) Auch dem Klügsten passiert das 64) Über diesen Fall freut sich jeder Künstler 66) Erste Frau, die den Wert des Apfels erkannte 67) „Sprechende" Zeichen mit Händen oder Kopf 68) Damit schützen sich Früchte 70) Wer hätte nicht gern einen reichen Onkel, um später zu ...? 71) Wenn die Kinder dieses Gewürz riechen, denken sie bestimmt an Weihnachten 73) Dort arbeiten die Bürokraten 75) Mancher ist so groß, daß man denkt, er wäre ein Meer 76) Wenn die Mama Kuchen backt, braucht sie meistens ... 77) Dieses Gefäß enthält die Asche eines Toten oder Stimmzettel 78) Nur wenn man sie wirklich gut spielen kann, klingt sie gut 82) So ein komischer Vogel! Der kann nicht einmal fliegen! 83) Die schönsten Sachen sind immer viel zu schnell ... 85) So etwas findet man nur zwischen zwei Bergen 86) Höchste deutsche Spielkarte 88) Leute mit etwas Erfahrung können einem das geben 90) Daran sieht man, daß ein Auto aus Hamburg kommt

**Lösung:** ______________________________

## *130/131 Rätseldiagramme* ✖

Im folgenden Rätsel sind die Gegensätze der kursiv gedruckten Adjektive zu finden. Die Lösungswörter sind waagerecht, Zeile für Zeile, in den untenstehenden Buchstabenfolgen versteckt. Die gesuchten Buchstaben stehen aber getrennt. Machen Sie um diese Buchstaben einen Kreis. Die übriggebliebenen Buchstaben ergeben bei richtiger Lösung zwei Sprüche von Werner Mitsch, einem zeitgenössischen Aphoristen.

**Beispiel:**
Diagramm: SDTUEMMRN...

Rätselsatz: Manche sind *klug.* → Lösungswort: D U M M

Das Lösungswort wird im Diagramm eingekreist: S (D) T (U) E (M) (M) R N

Übrigbleibende Buchstaben: S T E R N

### *130*

A H L Ä L U F E I W O G M L A L G E E R N S T Z U U R
M Ü P F W C I N K Z Z I U G R N M I A L T U R D A M A
B T T E N R O T K W E E N I D N E R I G Z U G F R U S
O S B

1) Der Besuch ist *selten.* 2) Das Fleisch ist *fett.* 3) Das Messer ist *scharf.* 4) Dieses Tier ist *riesig.* 5) Die Strafe ist *hart.* 6) Der Lack ist *glänzend.* 7) Die Maßnahme ist *überflüssig.* 8) Der Stoff ist *fein.*

**Lösungsspruch:** ____________________

____________________

### *131*

B S E I P D A E N N N E F N D A R L A U S H C H R E O
N H S P A A T R T S A C H D I Ä E D S E L I N S C H T
N E Ü H C H T E E N R N E C D H I T W E E W L K S Ä E
C I C H H T T E Z R I A N N H E N M

1) Der Film ist *langweilig.* 2) Die Oberfläche ist *glatt.* 3) Das Gemüse ist *gekocht.* 4) Der Mensch ist *hungrig.* 5) Das Mittel ist *nützlich.* 6) Der Mann ist *betrunken.* 7) Die Unterschrift ist *gefälscht.* 8) Die Blumen sind *frisch.* 9) Das Wasser ist *tief.* 10) Der Bär ist *wild.*

**Lösungsspruch:** ____________________

____________________

# 132–141 Bilderrätsel

Die folgenden Rätsel enthalten Zeichnungen von Menschen, Tieren oder Gegenständen. Beschreiben Sie jeweils durch ein Nomen, was die Zeichnung darstellt. Das gefundene Nomen muß dann in ein anderes Wort umgeformt werden. Die neuen Nomen ergeben aneinandergereiht ein deutsches Sprichwort. Für die Umformung gelten die folgenden Regeln:

**Erklärungen:**

| | | | |
|---|---|---|---|
| ~~3~~ | Der dritte Buchstabe fällt aus. | r = h | Statt r steht h. |
| ~~1,2~~ | Die ersten beiden Buchstaben fallen aus. | 4 = m | Der vierte Buchstabe ist ein m. |

**Beispiel:**

| | |
|---|---|
| 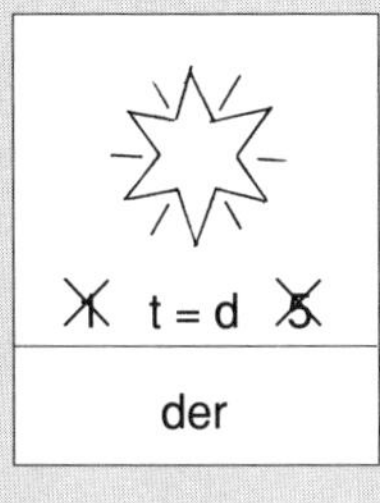 ~~1~~ t = d ~~5~~ | f + 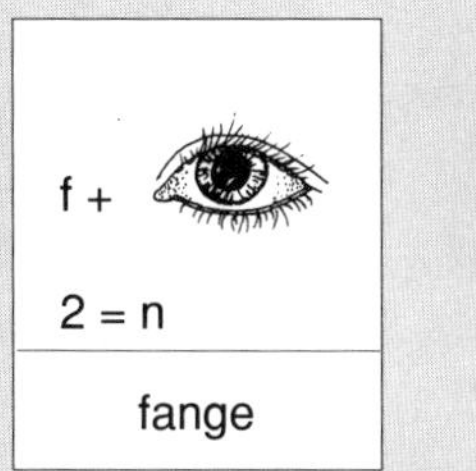 2 = n |
| der | fange |

Bei richtiger Lösung ergeben sich deutsche Sprichwörter.

## 132

| | | | | |
|---|---|---|---|---|
| 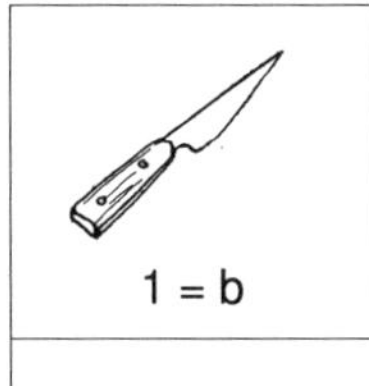 1 = b | ~~1,2~~ 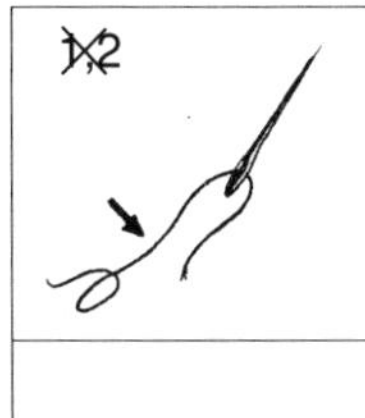 | 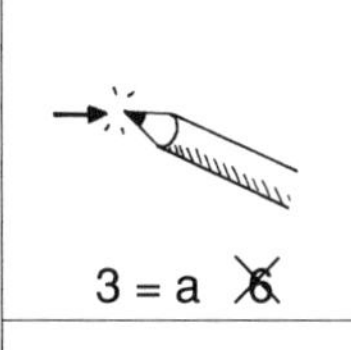 3 = a ~~6~~ |  ~~1,4~~ | 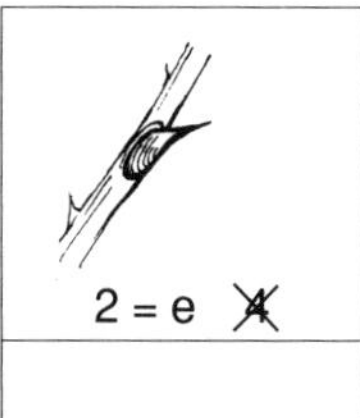 2 = e ~~4~~ |
| | | | | |
| 1 = h 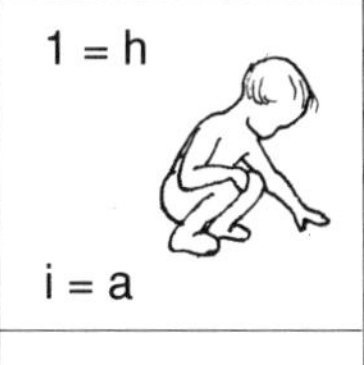 i = a | 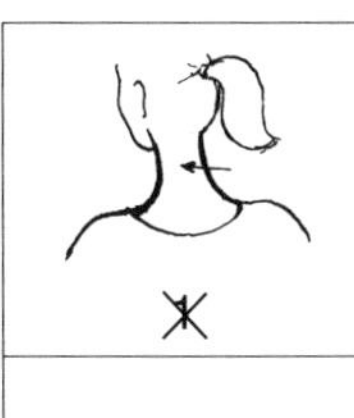 ~~1~~ |  ~~4~~ | 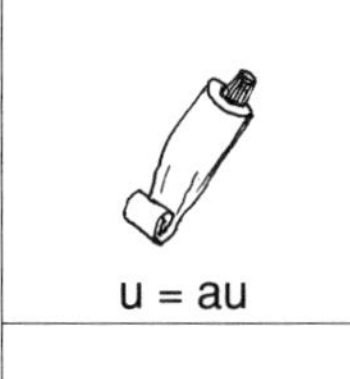 u = au | 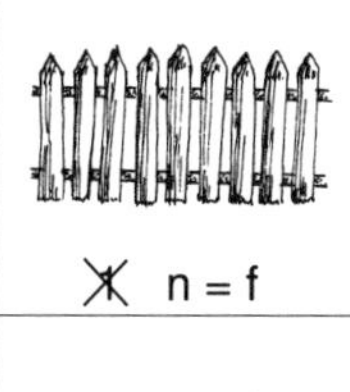 ~~1~~ n = f |
| | | | | |
| 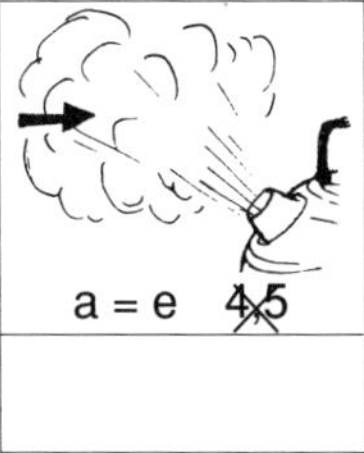 a = e ~~4,5~~ | ~~1~~ ~~6,7~~ 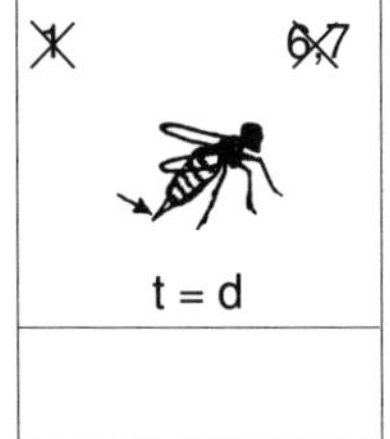 t = d | | | |
| | | | | |

## 133

~~3,4~~

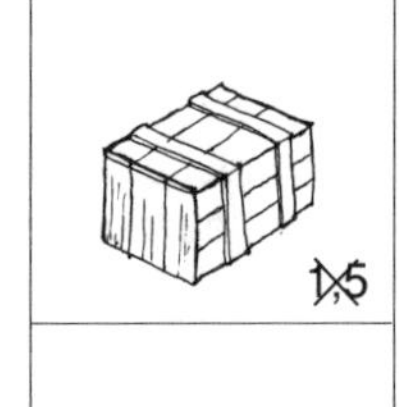
~~1,5~~

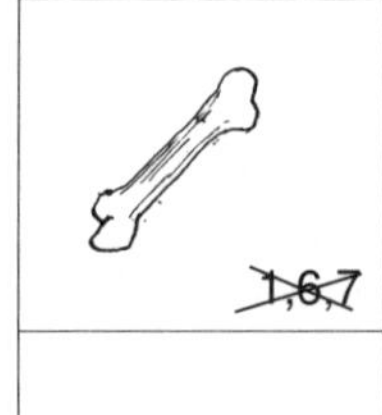
~~1,6,7~~

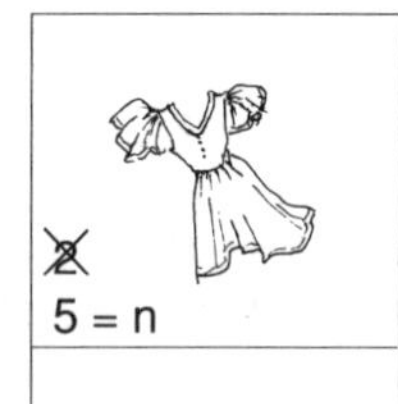
~~2~~
5 = n

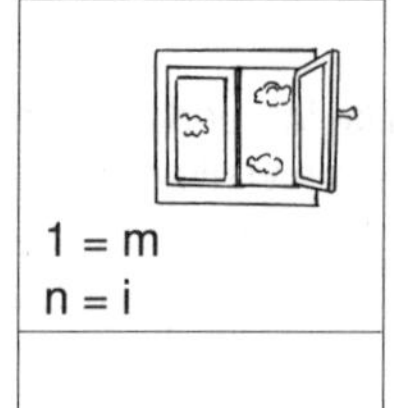
1 = m
n = i

2 = o ~~4,5,6~~

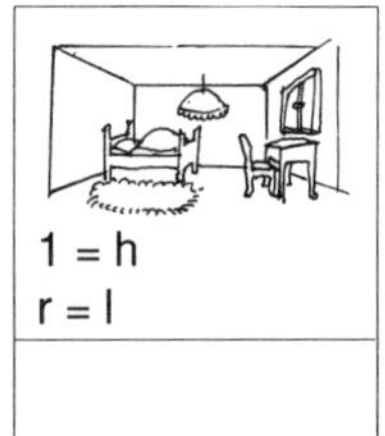
1 = h
r = l

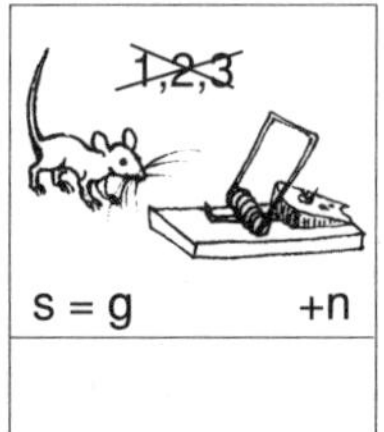
~~1,2,3~~
s = g +n

## 134

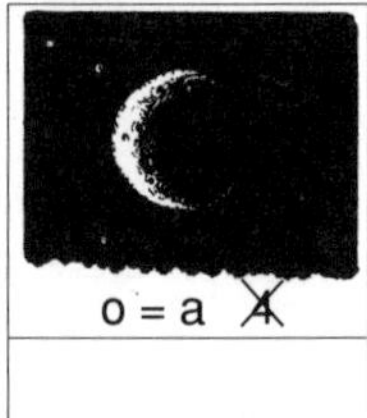
o = a ~~4~~

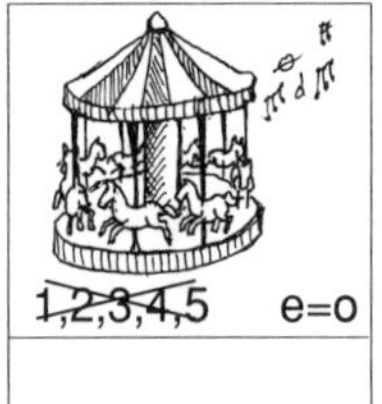
~~1,2,3,4,5~~ e=o

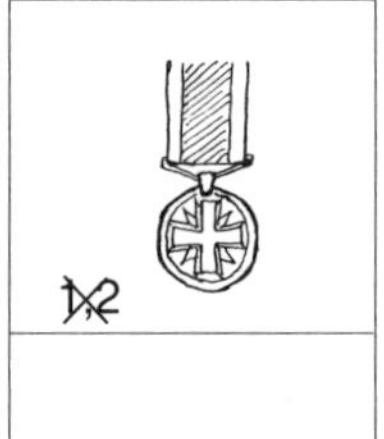
~~1,2~~

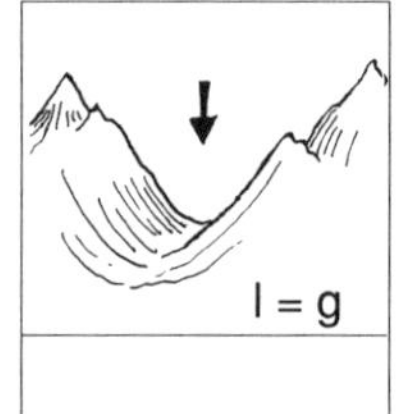
l = g

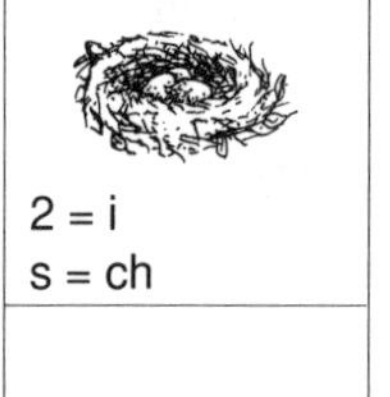
2 = i
s = ch

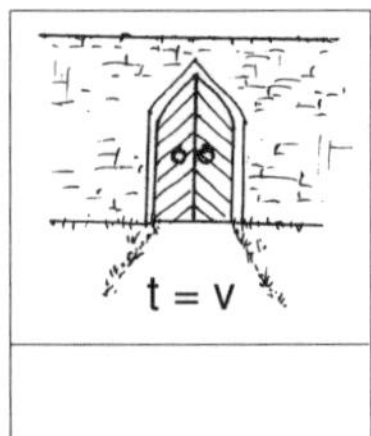
t = v

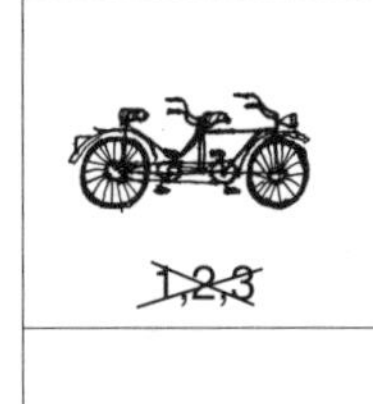
~~1,2,3~~

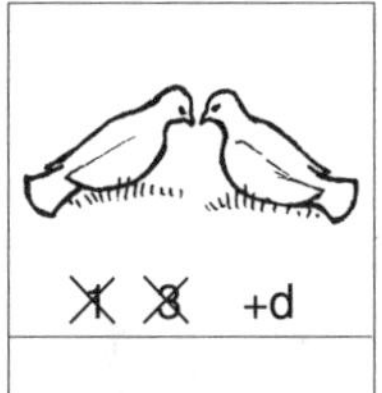
~~1~~ ~~3~~ +d

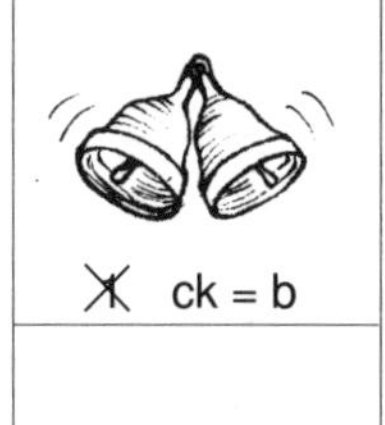
~~1~~ ck = b

## 135

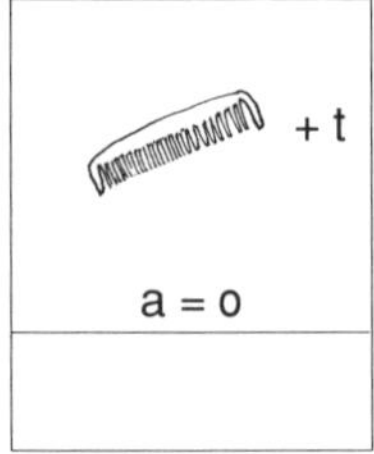
+ t
a = o

~~5,6,7~~

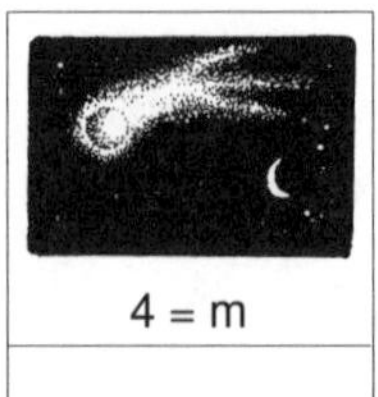
4 = m

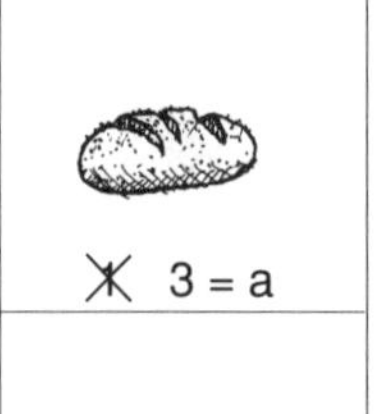
~~1~~ 3 = a

## 136

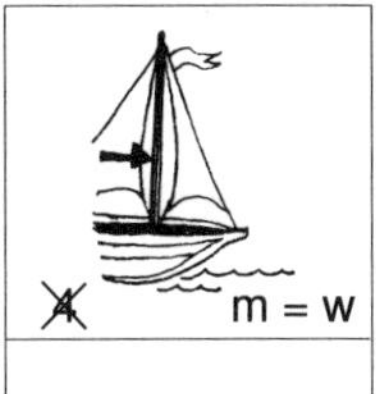
4
m = w
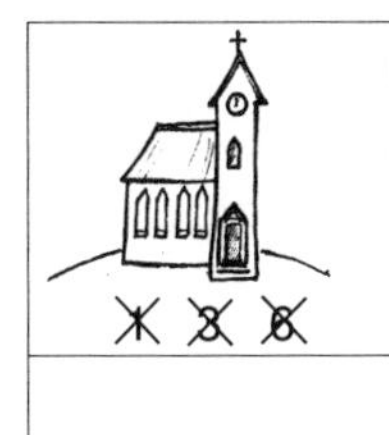
1 3 6
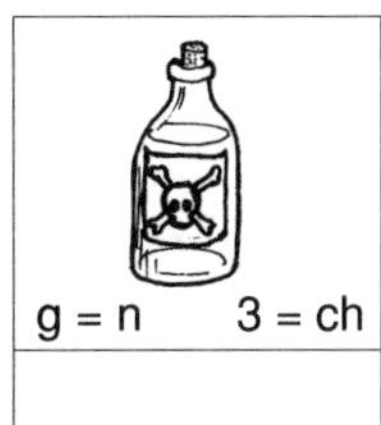
g = n
3 = ch
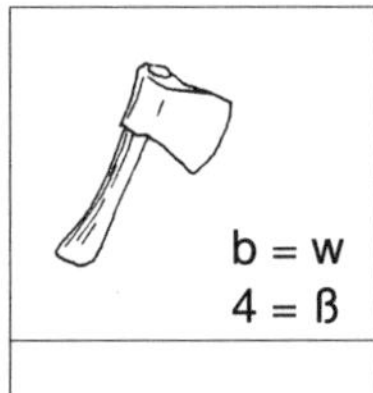
b = w
4 = ß
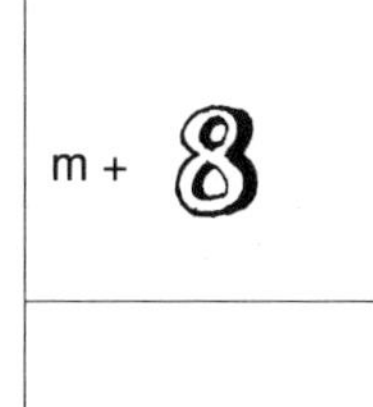
m +

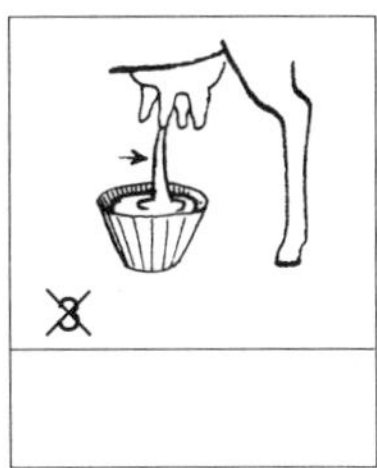
3
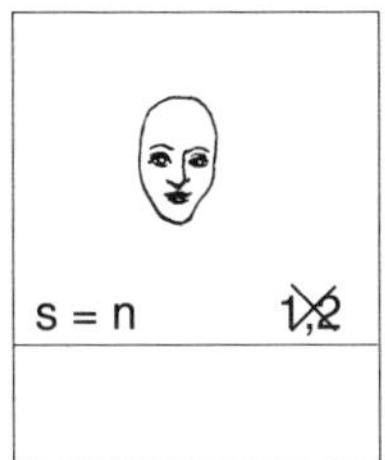
s = n
1,2

4
1,2

## 137

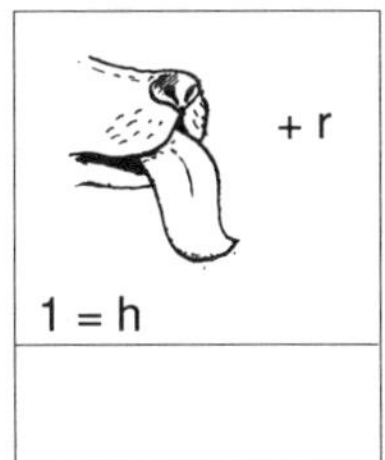
+ r
1 = h

1,2
u=i

1,3
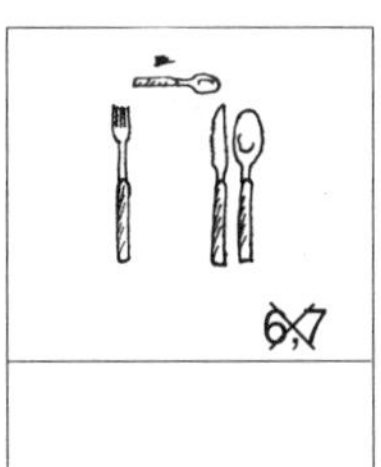
6,7
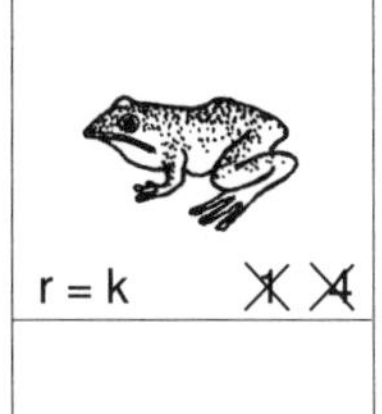
r = k
1 4

## 138

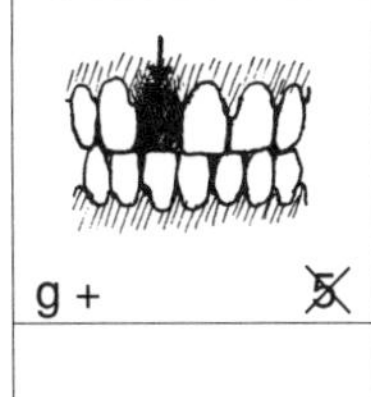
g +
5

1

f = g
5,6,7
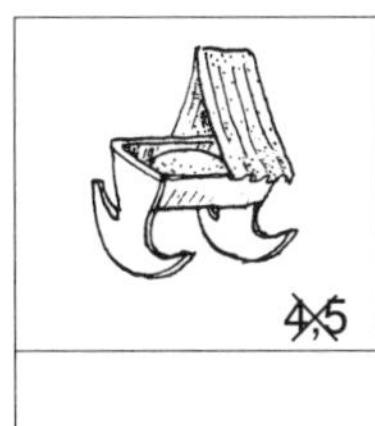
4,5
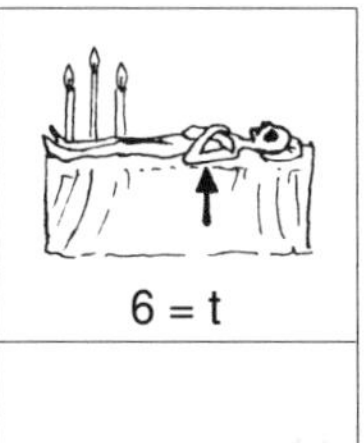
6 = t

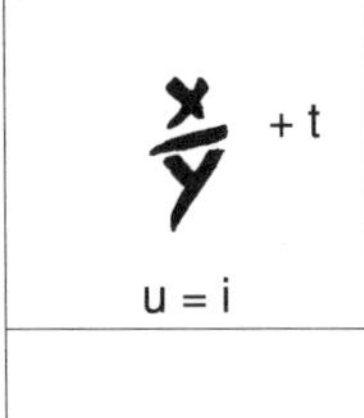
+ t
u = i
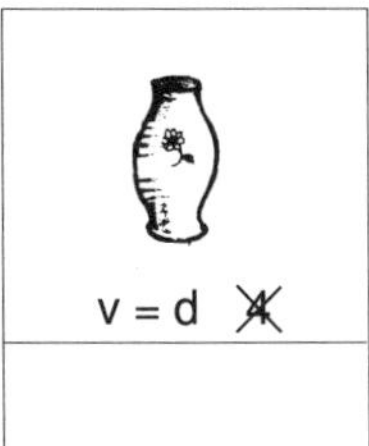
v = d
4

**139**

a = e ~~5~~

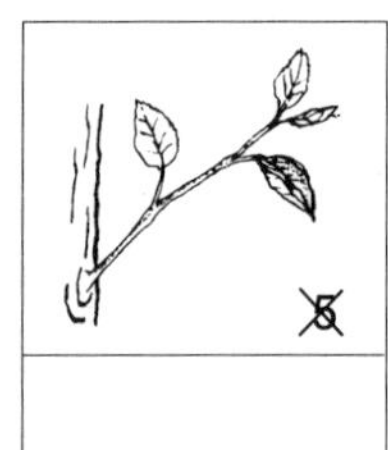
~~5~~

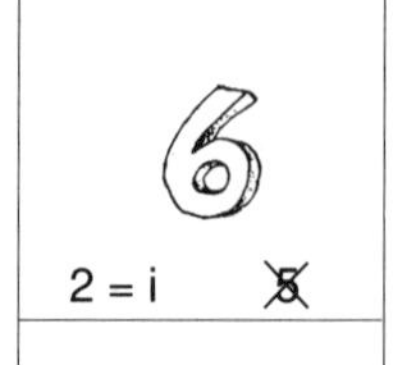
2 = i ~~5~~

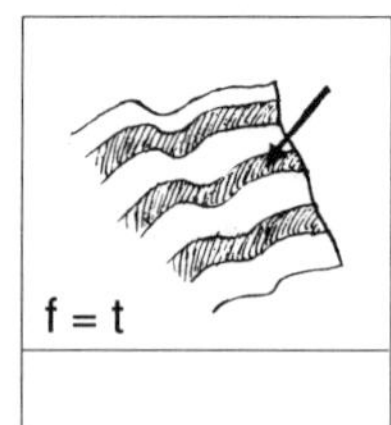
f = t

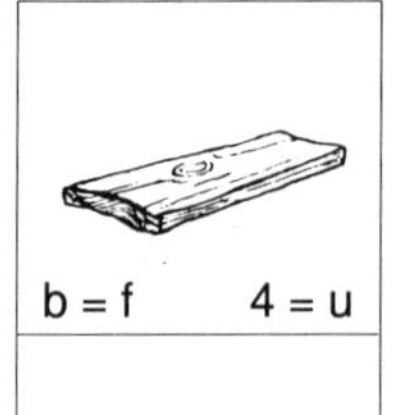
b = f 4 = u

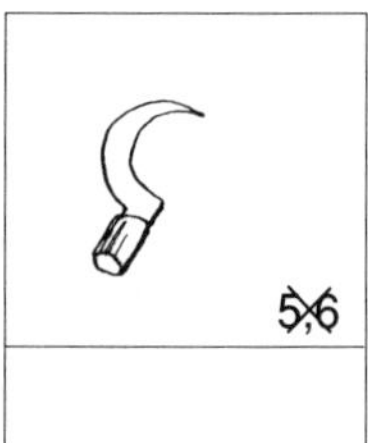
~~5,6~~

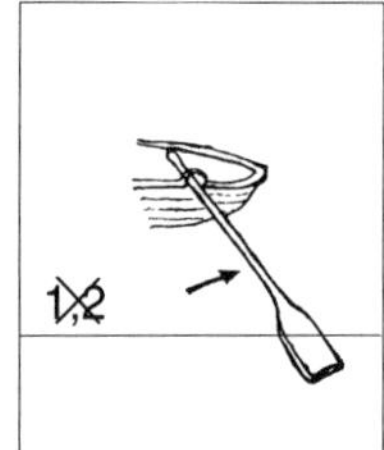
~~1,2~~

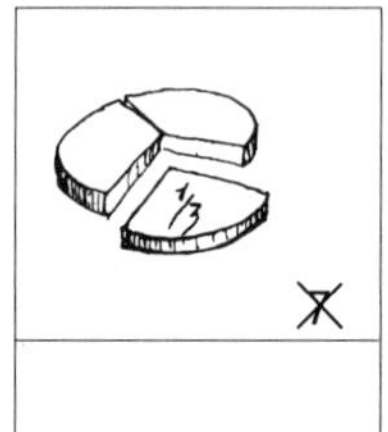

~~7~~

**140**

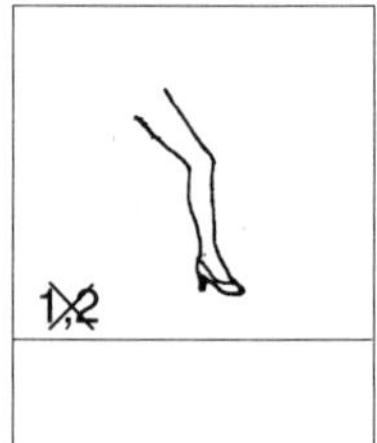
~~1,2~~

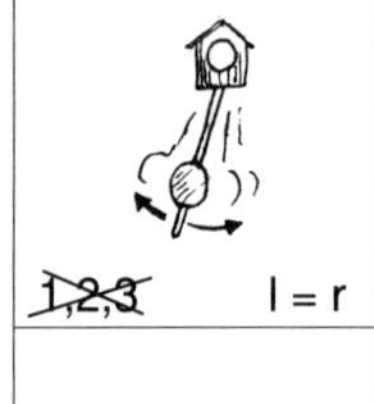
~~1,2,3~~ l = r

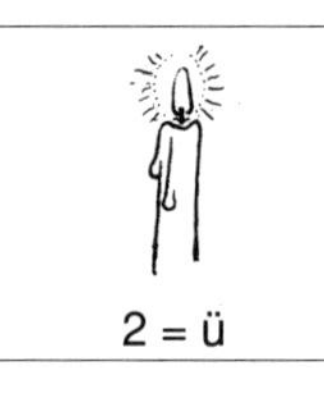
2 = ü

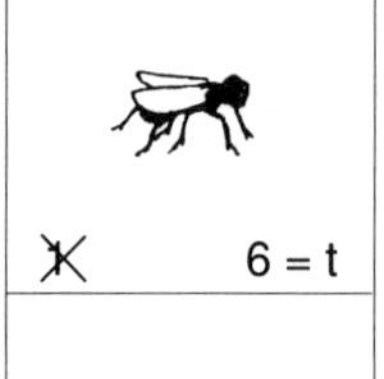
~~1~~ 6 = t

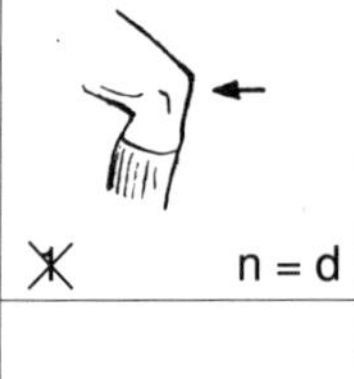
~~1~~ n = d

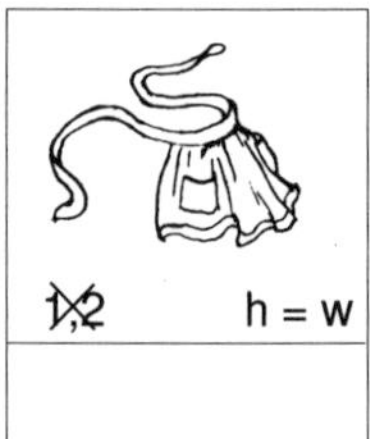
~~1,2~~ h = w

**141**

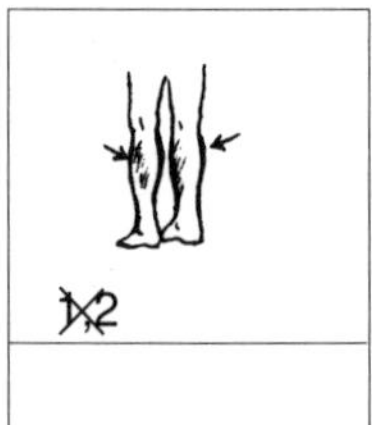
~~1,2~~

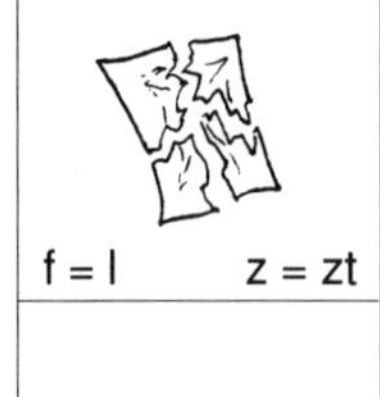
f = l z = zt

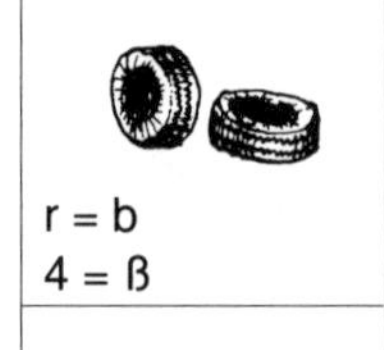
r = b
4 = ß

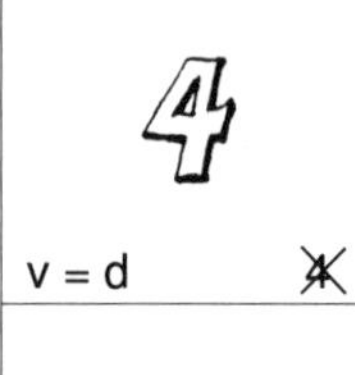

v = d ~~4~~

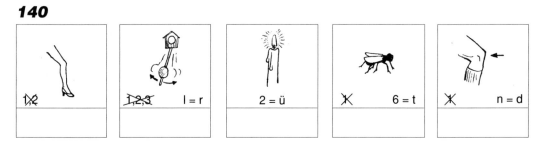

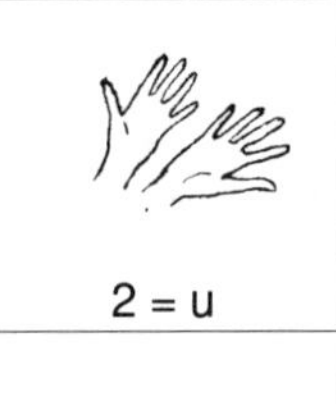
2 = u

## *Alles geht einmal zu Ende*

... sogar dieses Übungsbuch. Das Zu-Ende-gehen wird im Deutschen, wie Sie sicher noch wissen, durch die Vorsilbe *ver-* ausgedrückt. In dieser letzten Übung ergänzen Sie bitte die untenstehenden Sätze mit folgenden Verben: *verblassen, verbluten, verbrauchen, verdampfen, verderben, verdorren, verdunsten, verfallen, verfaulen, verglühen, verklingen, verrosten, verschimmeln, verschwinden, verspielen, vertun* u.a.

Achten Sie auf die Fälle mit Vorvergangenheit (Plusquamperfekt).

1) Seine Gestalt wurde kleiner und kleiner, und bald war er am Horizont ________________.
2) Die Blütezeit dieser Bäume ist Juni; im August sind sie längst ________________.
3) Die Expeditionsteilnehmer mußten tagelang ohne Wasser auskommen und wären fast ________________.
4) Der Turm der Burg steht nicht mehr, und auch die Mauern sind schon halb ________________.
5) Sie saß noch still da, obwohl die Musik längst ________________.
6) Das Regenwasser war in der Sonne schnell ________________.
7) Die Raketenteile dürften die Erdoberfläche nicht erreichen, weil sie vorher in der Atmosphäre ________________.
8) Der alte Schlüssel im Gras war schon ganz ________________.
9) Als die Feuerwehr eintraf, war die Hälfte des Holzlagers bereits ________________.
10) Mit Schrecken stellte er fest, daß die Gruppe in kurzer Zeit fast die gesamten Vorräte ________________.
11) Nachdem es wochenlang nicht geregnet hatte, war das ganze Gras ________________.
12) Während ihres Urlaubs war offenbar der Kühlschrank ausgefallen. Das Brot war ________________,
    das Obst (war) ________________,
    und die Wurst ________________.
    Außerdem waren die Blumen in der Vase ________________.
13) Ulla hatte vergessen, den Elektroherd abzustellen, und das Wasser im Kessel ________________.
14) Plötzlich wurde ihm bewußt, daß seit Beginn des Kurses schon wieder ein halbes Jahr ________________.
15) Man sandte Nahrungsmittel in das Katastrophengebiet, damit die Menschen nicht ________________.
16) Während seiner Arbeitslosigkeit hätte er Kurse besuchen können, statt die Zeit zu ________________.
17) Der Verletzte hatte bereits viel Blut verloren und wäre ohne rechtzeitige ärztliche Hilfe ________________.
18) Das Plakat hing noch immer an der Mauer, doch die Farben waren ganz ________________.
19) „Glück in der Liebe, Pech im Spiel", dachte er, nachdem er am Roulettetisch sein ganzes Geld ________________.

# Anhang

# A. Konjunktionen: Semantische und syntaktische Funktionen

Im folgenden finden Sie eine Übersicht über die Möglichkeiten, wie man im Deutschen Sätze miteinander verbinden kann. Die an manchen Stellen angegebenen Zeichen (z.B. gz, Bed, Ggs usw.) drücken aus, in welcher Beziehung die beiden Sätze miteinander stehen. Sie entsprechen den in den Textgerüsten verwendeten Zeichen (Übungen 113–122, vergleichen Sie hierzu auch die dortigen Erläuterungen (113).
Bei den Konjunktionen unterscheidet man zwischen Nebensatz- (NS) und Hauptsatzkonjunktionen (HS).

## Temporale Beziehung

**A-1** *Gleichzeitigkeit*
**Zeichen:** gz (= gleichzeitig)
**Konjunktionen:** (NS) als, während; (immer) wenn, sooft; wenn, sobald

| | |
|---|---|
| | Sylvia ging nach Hause. |
| gz: | Es begann zu regnen. |
| Als / Während Sylvia nach Hause ging, begann es zu regnen. | |

| | |
|---|---|
| | Manfred sieht ein Schiff. |
| gz: | Er bekommt (immer) Fernweh. |
| Wenn / Immer wenn / Sooft Manfred ein Schiff sieht, bekommt er Fernweh. | |

**A-2** *Vorzeitigkeit des Nebensatzes*
**Konjunktionen:** (NS) nachdem, als, wenn, sobald;
(HS) kaum

| |
|---|
| Hans bezahlte das Bier. Dann verließ er die Bar. |
| Nachdem / Als / Sobald Hans das Bier bezahlt hatte, verließ er die Bar. |

| | |
|---|---|
| | Walter hat den Krimi bald ausgelesen. |
| gz: | Er legt sich dann schlafen. |
| Wenn / Sobald Walter den Krimi ausgelesen hat, legt er sich schlafen. | |

| |
|---|
| Der Radfahrer erreichte das Haus. Im nächsten Moment begann der Sturm. |
| Kaum hatte der Radfahrer das Haus erreicht, (da) begann der Sturm. |

**A-3** *Nachzeitigkeit des Nebensatzes*
**Konjunktionen:** (NS) bevor, ehe

| Andrea betrat den Saal. Vorher schaute sie in den Spiegel. |
|---|
| Bevor / Ehe Andrea den Saal betrat, schaute sie in den Spiegel. |

## Kausale Beziehung

**Zeichen:** G (= Grund)

**A-4** **Konjunktionen:** (NS) weil, da,
(HS) denn; nämlich

| | |
|---|---|
| | Müllers ziehen in eine neue Wohnung. |
| G: | Die alte Wohnung ist ihnen zu laut. |
| Müllers ziehen in eine neue Wohnung, weil / da ihnen die alte zu laut ist.<br>Müllers ziehen in eine neue Wohnung, denn die alte ist ihnen zu laut.<br>Müllers ziehen in eine neue Wohnung; die alte ist ihnen nämlich zu laut. | |

**A-5** **Konjunktionen:** (NS) zumal; um so mehr, als ...;
um so + (Komparativ), als; wo... doch

| Wir dürfen nicht so viel Geld ausgeben, zumal das Hotel noch nicht bezahlt ist.<br>Seine Kündigung kam überraschend, um so mehr, als man ihm eine Gehaltserhöhung versprochen hatte.<br>Der Wahlerfolg dieser Partei ist um so erstaunlicher, als sie nur wenig Geld für Werbung ausgeben konnte.<br>Herr V. sagte: „Warum soll der Mensch sparen, wo er doch sowieso einmal sterben muß?“ |
|---|

## Konsekutive Beziehung

**Zeichen:** F (= Folge)

***A-6*** **Konjunktionen:** (NS) so, daß; so ..., daß;
zu ..., als daß (+ Konj.II); zu ..., um ... zu (+ Inf.)
solch-, daß;
(HS) also, daher, darum, deshalb, deswegen, folglich, somit, infolgedessen

**Präpositionaler Ausdruck:** aus diesem Grund

| | |
|---|---|
| | Der junge Mann fuhr schnell. |
| F: | Er konnte nicht mehr rechtzeitig bremsen. |

Der junge Mann fuhr schnell, so daß er nicht mehr rechtzeitig bremsen konnte.
Der junge Mann fuhr so schnell, daß er nicht mehr rechtzeitig bremsen konnte.
Der junge Mann fuhr zu schnell, als daß er noch rechtzeitig hätte bremsen können.
Der junge Mann fuhr zu schnell, um noch rechtzeitig bremsen zu können.
Der junge Mann fuhr mit einer solchen Geschwindigkeit, daß er nicht mehr rechtzeitig bremsen konnte.
Der junge Mann fuhr schnell; deshalb / deswegen / darum / daher / infolgedessen konnte er nicht mehr rechtzeitig bremsen.
Der junge Mann fuhr schnell; aus diesem Grund konnte er nicht mehr rechtzeitig bremsen.

***A-7*** **Konjunktionen:** (NS) weshalb, weswegen

| | |
|---|---|
| | Wir waren sehr erschöpft. |
| F: | Wir verzichteten auf das Kino. |

Wir waren sehr erschöpft, weshalb / weswegen wir auch auf das Kino verzichteten.

## Konditionale Beziehung

**Zeichen:** Bed (= Bedingung)

***A-8*** *Bedingungssätze im Indikativ*

**Konjunktionen:** (NS) wenn, falls, sofern; es sei denn (, daß); vorausgesetzt (, daß);
(HS) sonst, andernfalls

**Andere Ausdrücke:** im Falle, daß ...; für den Fall, daß ...;
unter der Bedingung (Voraussetzung), daß ...;
angenommen (, daß); gesetzt den Fall (, daß)

| | |
|---|---|
| | Der Ballon kann morgen starten. |
| Bed: | Das Wetter bleibt schön. |

Der Ballon kann morgen starten, wenn / falls / sofern das Wetter schön bleibt.
Der Ballon kann morgen starten, vorausgesetzt, daß das Wetter schön bleibt.
Der Ballon kann morgen starten, vorausgesetzt, das Wetter bleibt schön.
Der Ballon kann morgen starten, es sei denn, das Wetter verschlechtert sich.
Hoffentlich bleibt das Wetter schön; sonst / andernfalls kann der Ballon morgen nicht starten.

| Im Falle, daß das Wetter schön bleibt, kann der Ballon morgen starten.<br>Unter der Voraussetzung, daß das Wetter schön bleibt, kann der Ballon morgen starten.<br>Angenommen / Gesetzt den Fall, das Wetter bleibt schön, (dann) kann der Ballon morgen starten. |
|---|

## A-9 *Irreale Bedingungssätze mit und ohne Konjunktion*

| | Der Verunglückte wäre gestorben. |
|---|---|
| Bed: | Man hätte ihn zu spät in die Klinik gebracht. |
| Wenn man den Verunglückten nicht rechtzeitig in die Klinik gebracht hätte, (so, dann) wäre er gestorben.<br>Hätte man den Verunglückten nicht rechtzeitig in die Klinik gebracht, (so, dann) wäre er gestorben. | |

## A-10 *Bedingungssätze mit dem Modalverb „sollen“*

| | Die Kundin kann die Bluse umtauschen. |
|---|---|
| Bed: | Die Bluse gefällt ihr nicht. |
| Sollte die Bluse der Kundin nicht gefallen, so / dann kann sie sie umtauschen. | |

## A-11 **Konjunktionen:** (NS) je … um so; je … desto

| | Wir können früher fahren. |
|---|---|
| Bed: | Du hast schneller die Koffer gepackt. |
| Je schneller du die Koffer gepackt hast, um so / desto früher können wir fahren. | |

## A-12 **Konjunktion:** immer (+ Komp.) …, je

| | Das Geräusch wurde immer lauter. |
|---|---|
| Bed: | Wir kamen näher und näher. |
| Das Geräusch wurde immer lauter, je näher wir kamen. | |

## A-13 **Konjunktion:** (NS) je nachdem, wie (ob, wozu, wo usw.)

| | Wir verlängern den Ausflug oder fahren heim. |
|---|---|
| Bed: | Das Wetter ist schön (oder schlecht). |
| Wir verlängern den Ausflug oder fahren heim, je nachdem, wie das Wetter ist. | |

## Konzessive Beziehung

**Zeichen:** zwar: ... aber:

**A-14** **Konjunktionen:** (NS) obwohl, auch wenn, selbst wenn, wenn auch, wenngleich
(HS) trotzdem, dennoch, gleichwohl; zwar ..., aber ...

| zwar: Bernd hatte den Fremden nur einmal gesehen.<br>aber: Er erkannte ihn sofort wieder. |
|---|
| Obwohl Bernd den Fremden nur einmal gesehen hatte, erkannte er ihn sofort wieder.<br>Auch wenn / Selbst wenn / Wenngleich Bernd den Fremden nur einmal gesehen hatte, (so) erkannte er ihn doch sofort wieder.<br>Wenn Bernd den Fremden auch nur einmal gesehen hatte, (so) erkannte er ihn doch sofort wieder.<br>Bernd hatte den Fremden (zwar) nur einmal gesehen; trotzdem / dennoch / gleichwohl erkannte er ihn sofort wieder.<br>Zwar hatte Bernd den Fremden nur einmal gesehen, doch er erkannte ihn sofort wieder. |

**A-15** *Irreale Konzessivsätze*: auch wenn, selbst wenn (NS)

| Auch wenn / Selbst wenn man sein Gehalt erhöht hätte, wäre er nicht bei der Firma geblieben. |
|---|

**A-16** *Konzessivsätze:* sosehr ... auch, so ... auch (NS)

| zwar: Der Redner bemühte sich sehr.<br>aber: Er konnte die Zuhörer nicht überzeugen. |
|---|
| Sosehr sich der Redner auch bemühte, er konnte die Zuhörer nicht überzeugen. |

| zwar: Herr Eder lief schnell.<br>aber: Er konnte den Dieb nicht mehr einholen. |
|---|
| So schnell Herr Eder auch lief, er konnte den Dieb nicht mehr einholen. |

**A-17** *Konzessivsätze:* so (+ Adj. usw.) ..., so (+ Adj. usw.) ... (NS)

| zwar: Dieser Mann ist geizig in seinem Beruf.<br>aber: Er ist freigebig in seinem Privatleben. |
|---|
| So geizig dieser Mann in seinem Beruf ist, so freigebig ist er in seinem Privatleben. |

**A-18** *Konzessivsätze:* Fragewort + immer (NS);
Fragewort ... auch (immer) (NS)

| zwar: Es ist gleichgültig, was du getan hast.<br>aber: Du sollst mir die Wahrheit sagen. |
|---|
| Was immer du getan hast, du sollst mir die Wahrheit sagen.<br>Was du auch (immer) getan hast, du sollst mir die Wahrheit sagen. |

| | |
|---|---|
| zwar: | Es ist ganz gleich, wann ich dort anrufe. |
| aber: | Nie kann ich Frl. Netzer erreichen. |

Wann immer ich dort anrufe, nie kann ich Frl. Netzer erreichen.
Wann ich dort auch anrufe, nie kann ich Frl. Netzer erreichen.

## A-19 *Konzessivsätze:* mögen ... auch (NS)

| | |
|---|---|
| zwar: | Das Stadtleben hat viele Nachteile. |
| aber: | Ich liebe es. |

Mag das Stadtleben auch viele Nachteile haben, ich liebe es trotzdem.

## A-20 *Einschränkung*

**Konjunktionen:** (HS) allerdings, freilich

In Haus Nr. 20 bekommen Sie eine Wohnung; allerdings können Sie erst nächsten Monat einziehen.
Das neue Gesetz bringt manche Verbesserungen; freilich werden nicht alle Bürger damit einverstanden sein.

## A-21 *Widerspruch*

**Zeichen:** aber
**Konjunktionen:** (HS) aber, jedoch, doch

| | |
|---|---|
| | Die Gefangenen wollten fliehen. |
| aber: | Ihr Fluchtplan wurde verraten. |

Die Gefangenen wollten fliehen, aber / doch ihr Fluchtplan wurde verraten.
Die Gefangenen wollten fliehen, ihr Fluchtplan wurde jedoch verraten.

## A-22 **Konjunktion:** (HS) immerhin

| | |
|---|---|
| zwar: | Es sind nur 40 Leute gekommen. |
| aber: | Wir dürfen mit unserer Veranstaltung nicht unzufrieden sein. |

Wir dürfen mit unserer Veranstaltung nicht unzufrieden sein; immerhin sind 40 Leute gekommen.

## Finale Beziehung

**Zeichen:** Z (= Zweck)

### A-23 **Konjunktionen:** (NS) um... zu (+ Inf.); damit

| |
|---|
| Herr Hingerl ging in ein Wirtshaus.<br>Z: Er wollte ein Bier trinken. |
| Herr Hingerl ging in ein Wirtshaus, um ein Bier zu trinken. |

| |
|---|
| Der Text darf nicht zu schwierig sein.<br>Z: Alle sollen ihn verstehen. |
| Der Text darf nicht zu schwierig sein, damit ihn alle verstehen. |

### A-24 *Finalsatz nach Imperativ*

| |
|---|
| Zieh dir etwas Warmes an!<br>Z: Du sollst dich nicht erkälten. |
| Zieh dir etwas Warmes an, damit du dich nicht erkältest! |

## Modale Beziehungen

### A-25 *Instrumentalität*

**Zeichen:** M (= Mittel)
**Konjunktionen:** (NS) indem; dadurch, daß
(HS) dadurch

| |
|---|
| Die Tür läßt sich öffnen.<br>M: Man dreht den Schlüssel nach links. |
| Die Tür läßt sich öffnen, indem man den Schlüssel nach links dreht.<br>Die Tür läßt sich dadurch öffnen, daß man den Schlüssel nach links dreht.<br>Man dreht den Schlüssel nach links; dadurch läßt sich die Tür öffnen. |

### A-26 *Fehlender Umstand*

**Konjunktionen:** (NS) ohne... zu (+ Inf.); ohne daß

| |
|---|
| Frau Schwab reiste nach Köln. Sie unterbrach die Fahrt nicht. |
| Frau Schwab reiste nach Köln, ohne die Fahrt zu unterbrechen. |

| |
|---|
| Arno verließ das Haus. Niemand sah ihn. |
| Arno verließ das Haus, ohne daß ihn jemand sah. |

## A-27 *Gegensatz*

**Zeichen:** Ggs
**Konjunktionen:** (NS) während
(HS) dagegen, hingegen, aber, indessen, jedoch
**Präpositionale Ausdrücke:** im Gegensatz zu; im Unterschied zu; anders als

| |
|---|
| Der Norden der Provinz ist dicht bevölkert.<br>Ggs: Weite Gebiete im Süden sind fast menschenleer. |
| Während der Norden der Provinz dicht bevölkert ist, sind weite Gebiete im Süden fast menschenleer.<br>Der Norden der Provinz ist dicht bevölkert; weite Gebiete im Süden dagegen / hingegen / aber / indessen / jedoch sind menschenleer.<br>Im Gegensatz / Im Unterschied zum Norden der Provinz, der dicht bevölkert ist, sind weite Gebiete im Süden menschenleer.<br>Anders als der Norden der Provinz, der dicht bevölkert ist, sind weite Gebiete im Süden fast menschenleer. |

## A-28 *Stellvertretung und Ersatz*

**Konjunktionen:** (NS) (an)statt ... zu (+ Inf.); (an)statt daß

| |
|---|
| Frau Thaler fuhr nicht geradeaus. Stattdessen bog sie nach rechts ab. |
| Frau Thaler bog nach rechts ab, (an)statt geradeaus zu fahren.<br>(An)statt geradeaus zu fahren, bog Frau Thaler nach rechts ab. |

| |
|---|
| Man ließ den Jungen nicht studieren. Stattdessen mußte er einen Beruf ergreifen. |
| (An)statt daß man den Jungen studieren ließ, mußte er einen Beruf ergreifen. |

## A-29 *Vergleichssätze*

**Konjunktionen:** (NS) wie; so ... wie; solch- ... wie

| |
|---|
| Er bestand die Prüfung, wie man es erwartet hatte.<br>Er bestand die Prüfung so gut, wie man gehofft hatte.<br>Sie packte die Koffer mit solcher Schnelligkeit, wie er es noch nie erlebt hatte. |

**Konjunktionen:** (NS) Komparativ + als; als... zu (+ Inf.); als daß

| |
|---|
| Das Thema war schwieriger, als der Student gedacht hatte.<br>Dem Fahrer blieb nichts anderes übrig, als die Geldstrafe zu bezahlen.<br>Lieber gehe ich zu Fuß, als daß ich so viel für ein Taxi ausgebe. |

**Konjunktion:** (NS) so (+ Adjektiv / Adverb)

| |
|---|
| Während ihrer Krankheit las sie, so viel sie konnte. |

## A-30 *Irreale Vergleichssätze*

**Konjunktionen:** (NS) als, als ob, als wenn, wie wenn

Sie lachte, als hätte ich ihr einen guten Witz erzählt.
Sie lachte, als ob / als wenn / wie wenn ich ihr einen guten Witz erzählt hätte.

## A-31 *Einschränkung*

**Konjunktionen:** (NS) soviel, soweit, was ... betrifft / angeht / ...

Soviel ich weiß, braucht man für Venezuela kein Visum.
Soweit ich informiert bin, geht der Chef bald in Pension.
Was Peters Zukunft betrifft / angeht / anlangt / anbelangt, (so) mache ich mir keine Sorgen.

**Konjunktionen:** (NS) außer daß, außer wenn, außer um ... zu (+Inf.)

Über Herrn Horn ist wenig bekannt, außer daß er beim Rundfunk arbeitet.
Über sein früheres Leben sprach er nie, außer wenn man ihn danach fragte.
Seit dieser Zeit kam sie nicht mehr in die Stadt, außer um eine alte Freundin zu besuchen.

# B. Modalverben: Bedeutungen und Synonyme

## können

### *B-1* *Fähigkeit*

| Er kann die Aufgabe lösen. |
| --- |
| Er ist fähig / imstande / in der Lage, die Aufgabe zu lösen. |

| Frau Edel kann Spanisch. |
| --- |
| Frau Edel beherrscht die spanische Sprache. / spricht fließend Spanisch. |

| Robert kann sich immer helfen. |
| --- |
| Robert weiß sich immer zu helfen.<br>Robert versteht es immer, sich zu helfen. |

| Der Kranke kann sich nicht bewegen. |
| --- |
| Der Kranke ist unfähig / außerstande / nicht in der Lage, sich zu bewegen. |

### *B-2* *Möglichkeit, Gelegenheit*

| Elke kann im Sommer nach Rom fahren. |
| --- |
| Elke hat die Möglichkeit / hat Gelegenheit, im Sommer nach Rom zu fahren. |

| Ich kann Ihnen leider nicht helfen. |
| --- |
| Es ist mir leider nicht möglich, Ihnen zu helfen.<br>Ich bin leider außerstande / nicht in der Lage, Ihnen zu helfen. |

### *B-3* *Vermutung*

| Er kann (könnte) der Gesuchte sein. |
| --- |
| Es kann sein, daß er der Gesuchte ist.<br>Es ist möglich / nicht ausgeschlossen / denkbar, daß er der Gesuchte ist.<br>Ich halte es für möglich, daß er der Gesuchte ist.<br>Vielleicht / Möglicherweise / Unter Umständen ist er der Gesuchte. |

| Sie kann den Brief nicht geschrieben haben. |
|---|
| Es kann nicht sein, daß sie den Brief geschrieben hat.<br>Es ist unmöglich / ausgeschlossen / unvorstellbar, daß sie den Brief geschrieben hat.<br>Den Brief hat auf keinen Fall / bestimmt nicht / sicher nicht sie geschrieben.<br>Den Brief muß ein anderer geschrieben haben. |

### B-4 *Vorwurf*

| Er könnte uns wenigstens beim Aufräumen helfen. |
|---|
| Wir erwarten von ihm, daß er uns beim Aufräumen hilft.<br>Wir würden es für richtig halten, wenn er uns beim Aufräumen helfen würde. |

## müssen

### B-5 *Notwendigkeit*

| Er muß einen neuen Paß beantragen. |
|---|
| Es ist nötig / notwendig / erforderlich, daß er einen neuen Paß beantragt.<br>Er ist gezwungen, einen neuen Paß zu beantragen.<br>Er hat keine andere Wahl / Ihm bleibt nichts anderes übrig, als einen neuen Paß zu beantragen. |

| Wir müssen nicht umziehen. |
|---|
| Es ist nicht nötig / notwendig / erforderlich, daß wir umziehen.<br>Wir brauchen nicht umzuziehen.<br>Es besteht keine Notwendigkeit, daß wir umziehen.<br>Wir können (im Haus, ...) bleiben. |

| Sie müssen uns bald mal in der neuen Wohnung besuchen. |
|---|
| Wir bitten Sie sehr, daß Sie uns einmal ... besuchen. |

| Man muß sie einfach gernhaben, so lieb ist sie. |
|---|
| Sie ist so lieb, daß man gar nicht anders kann, als sie gernzuhaben. |

### B-6 *Pflicht, Aufgabe*

| Der Ingenieur muß die Geräte wöchentlich überprüfen. |
|---|
| Der Ingenieur hat die Aufgabe / Pflicht / ist verpflichtet, die Geräte wöchentlich zu überprüfen.<br>Der Ingenieur hat die Geräte wöchentlich zu überprüfen.<br>Aufgabe des Ingenieurs ist es, die Geräte wöchentlich zu überprüfen.<br>Es ist Vorschrift / vorgeschrieben, daß die Geräte von einem Ingenieur wöchentlich überprüft werden. |

## B-7 *Vermutung*

| Er muß das Fahrrad gestohlen haben. |
|---|
| Es war sicher / zweifellos / ganz bestimmt er, der das Fahrrad gestohlen hat.<br>Er hat das Fahrrad gestohlen; es gibt keine andere Möglichkeit / Erklärung.<br>Ich bin fest davon überzeugt, daß er das Fahrrad gestohlen hat.<br>Für mich ist es ganz klar, daß er das Fahrrad gestohlen hat.<br>Für mich steht fest, daß er das Fahrrad gestohlen hat.<br>Für mich gibt es keinen Zweifel, daß er das Fahrrad gestohlen hat.<br>Kein anderer / Nur er kann das Fahrrad gestohlen haben. |

## B-8 *Empfehlung, Rat*

| Ursula müßte sich bald anmelden (, sonst bekommt sie keinen Platz mehr). |
|---|
| Ich würde Ursula raten / empfehlen, daß sie sich bald anmeldet. / sich bald anzumelden.<br>Es wäre ratsam, daß sich Ursula bald anmeldet. |

# wollen

## B-9 *Absicht, Wille*

| Er will dort ein Büro eröffnen. |
|---|
| Er hat die Absicht, dort ein Büro zu eröffnen.<br>Er hat den festen Willen, dort …<br>Er plant / hat den Plan, dort …<br>Er beabsichtigt / hat vor, dort …<br>Er hat sich entschlossen, dort …<br>Er ist bereit / entschlossen, dort …<br>Er trägt sich mit dem Gedanken, dort … |

| Ich will mir diesen Film ansehen. |
|---|
| Ich habe Lust / den Wunsch, mir diesen Film anzusehen. |

| Sandra will nicht unterschreiben. |
|---|
| Sandra ist nicht bereit / weigert sich zu unterschreiben. |

## B-10 *Forderung*

| Herr Busch will nicht, daß hier eine Straße gebaut wird. |
|---|
| Herr Busch fordert / verlangt, daß hier keine Straße gebaut wird. |

**B-11** *Notwendigkeit*

| Diese Pflanze will einen schattigen Platz (haben). |
| --- |
| Diese Pflanze braucht einen schattigen Platz.<br>Diese Pflanze muß einen schattigen Platz haben. |

| Das will gut überlegt sein. |
| --- |
| Das muß man gut überlegen.<br>Es ist nötig, sich das gut zu überlegen. |

**B-12** *Etwas Erwartetes bleibt aus*

| Das Kopfweh will und will nicht vergehen. |
| --- |
| Das Kopfweh vergeht einfach nicht. |

**B-13** *Behauptung*

| Axel will mit Autos gehandelt haben. |
| --- |
| Axel behauptet / gibt vor / versichert, daß er mit Autos gehandelt hat. / mit<br>Autos gehandelt zu haben. |

**B-14** *(Irrealer) Wunsch*

| Ich wollte, wir wären schon zu Hause. |
| --- |
| Es wäre schön, wenn wir schon zu Hause wären.<br>Es wäre schön, schon zu Hause zu sein. |

**B-15** *Höfliche Anrede*

| Wollen Sie bitte einen Augenblick warten. |
| --- |
| Bitte warten Sie einen Augenblick!<br>Ich bitte Sie, einen Augenblick zu warten. |

## dürfen

**B-16** *Erlaubnis, Berechtigung*

| Wir dürfen im Hof parken. |
| --- |
| Es ist uns erlaubt / gestattet, im Hof zu parken.<br>Wir haben die Erlaubnis / Genehmigung, im Hof zu parken.<br>Wir sind befugt, im Hof zu parken. |

| Der Mieter darf sich einen Hund halten. |
|---|
| Der Mieter ist berechtigt, sich einen Hund zu halten.<br>Der Mieter hat das Recht, sich einen Hund zu halten. |

### B-17 *Verbot*

| Im Saal darf nicht geraucht werden. |
|---|
| Es ist verboten / untersagt, im Saal zu rauchen.<br>Es ist nicht erlaubt / nicht gestattet, im Saal zu rauchen. |

### B-18 *Richtige Behandlung einer Sache*

| Dieser Stoff darf nicht zu heiß gewaschen werden. |
|---|
| Es ist schädlich / gefährlich für diesen Stoff, wenn er zu heiß gewaschen wird.<br>Es schadet dem Stoff, wenn man ihn zu heiß wäscht. |

### B-19 *Höfliche Frage*

| Darf / Dürfte ich Sie ein Stück begleiten? |
|---|
| Würden Sie mir erlauben, daß ich Sie ein Stück begleite?<br>Hätten sie etwas dagegen, wenn ich Sie ein Stück begleite? |

### B-20 *Vermutung*

| Der Fahrer dürfte eingeschlafen sein. |
|---|
| Man vermutet / nimmt an, daß der Fahrer eingeschlafen ist.<br>Vermutlich / Wahrscheinlich / Höchstwahrscheinlich / Aller Wahrscheinlichkeit nach ist der Fahrer eingeschlafen.<br>Wenn (mich) nicht alles täuscht, ist der Fahrer eingeschlafen.<br>Man ist sich ziemlich sicher, daß der Fahrer eingeschlafen ist.<br>Vieles spricht dafür, daß der Fahrer eingeschlafen ist.<br>Allem Anschein nach ist der Fahrer eingeschlafen.<br>Die Wahrscheinlichkeit ist groß, daß der Fahrer eingeschlafen ist. |

## sollen

### B-21 *Pflicht, moralisches Gebot*

| Man soll dem anderen immer helfen. |
|---|
| Es ist die (moralische) Pflicht jedes Menschen, dem anderen zu helfen. |

## **B-22** *Weitergegebener Auftrag*

| Du sollst zum Chef kommen. |
|---|
| Der Chef erwartet dich.<br>Der Chef läßt dir bestellen / ausrichten, daß er dich erwartet. |

## **B-23** *Empfehlung, Rat*

| Du solltest mit einem Fachmann darüber sprechen. |
|---|
| Es wäre gut / ratsam / vernünftig(er) / besser, wenn du mit einem Fachmann darüber sprechen würdest.<br>Ich würde dir raten / empfehlen, mit einem Fachmann darüber zu sprechen.<br>Du tätest gut daran, mit einem Fachmann darüber zu sprechen. |

| Das hättest du mir früher sagen sollen. |
|---|
| Es wäre besser gewesen, wenn du mir das früher gesagt hättest.<br>Es war falsch von dir, mir das so spät zu sagen.<br>Warum sagst du mir das erst jetzt?<br>Warum hast du mir das nicht früher gesagt? |

| Sollte man sich dieses Buch kaufen? |
|---|
| Lohnt es sich, dieses Buch zu kaufen?<br>Ist dieses Buch empfehlenswert? |

| Auch unsere Freunde sollten von dem Plan wissen. |
|---|
| Mir liegt daran, daß auch unsere Freunde von dem Plan wissen.<br>Ich halte es für angebracht / richtig, daß auch unsere Freunde ... |

## **B-24** *Plan, Auftrag*

| Herr Wimmer soll uns eine Stadtführung machen. |
|---|
| Herr Wimmer wurde beauftragt, uns eine Stadtführung zu machen.<br>Herr Wimmer hat den Auftrag, uns eine Stadtführung zu machen.<br>Es ist vorgesehen, daß uns Herr Wimmer eine Stadtführung macht. |

## **B-25** *Bedingung*

| Sollte es früher gehen, (so) rufen Sie mich bitte an. |
|---|
| Falls es früher geht, (so / dann) rufen Sie mich bitte an. |

### **B-26** *Weitergabe einer Information*

| Die Renten sollen erhöht werden. |
|---|
| Angeblich werden die Renten erhöht.<br>Die Zeitungen berichten, daß die Renten erhöht werden.<br>In den Nachrichten wurde mitgeteilt, daß die Renten erhöht werden.<br>Nach einer Meldung / einem Bericht der Zeitung werden die Renten erhöht.<br>Einem Bericht der Zeitung zufolge werden die Renten erhöht.<br>Laut Mitteilung / Nach Angaben des Ministers werden die Renten erhöht.<br>Wie aus Regierungskreisen verlautet, werden die Renten erhöht.<br>Es heißt, daß die Renten erhöht werden. |

| Der Händler soll einen Unfall verursacht haben. |
|---|
| Man sagt / erzählt sich, daß der Händler einen Unfall verursacht hat.<br>Ich habe gehört / gelesen / erfahren, daß der Händler ...<br>Es wird behauptet, daß der Händler ...<br>Es geht das Gerücht, daß der Händler ... |

### **B-27** *Zweifelnde Frage*

| Sollte sie sich getäuscht haben? |
|---|
| Ist / War es möglich / denkbar / vorstellbar, daß sie sich getäuscht hat / hatte?<br>Kann / Könnte es sein, daß sie sich getäuscht hat?<br>Kann sie sich getäuscht haben? |

### **B-28** *Schicksal*

| Seine Heimat sollte er nie wiedersehen. |
|---|
| Das Schicksal wollte (es) nicht, daß er seine Heimat wiedersah.<br>Es war ihm nicht bestimmt, seine Heimat wiederzusehen. |

## mögen / „Ich möchte, du ...“*

### **B-29** *Wunsch*

| Ich möchte das Buch noch einmal lesen. |
|---|
| Ich habe / hätte Lust, das Buch noch einmal zu lesen.<br>Ich würde das Buch gern noch einmal lesen. |

* *mögen* tritt auch als normales Verb mit Akkusativobjekt auf, hat dann aber nicht die Funktion eines Modalverbs *(Werner mag dunkles Bier.)*.

## B-30 *Höfliche Weitergabe einer Bitte*

| Sie möchten morgen früh Frau Fischer anrufen. |
|---|
| Frau Fischer bittet Sie, sie morgen früh anzurufen.<br>Frau Fischer läßt Sie bitten, sie morgen früh anzurufen. |

## B-31 *Vermutung*

| Evi mag damals zehn Jahre alt gewesen sein. |
|---|
| Ich vermute / nehme an, daß Evi damals zehn Jahre alt war.<br>Evi war damals wahrscheinlich / vermutlich zehn Jahre alt. |

## B-32 *Besorgte Frage*

| Wie mag es ihm jetzt wohl gehen? |
|---|
| Wie geht es ihm jetzt wohl?<br>Ich wüßte gern / würde gern wissen, wie es ihm jetzt geht. |

## B-33 *Gleichgültigkeit*

| Mag sie doch denken, was sie will! |
|---|
| Es ist mir völlig gleich / egal, was sie denkt.<br>Es interessiert mich überhaupt nicht, was sie denkt. |

| Er mag ein guter Ingenieur sein, doch von Kindererziehung versteht er nichts. |
|---|
| Es ist durchaus möglich, daß er ein guter Ingenieur ist, doch von …<br>Es kann schon sein, daß er ein guter Ingenieur ist, doch von … |

# C. Seltene Präpositionen

1) *abseits* (+ Gen.) = ein wenig entfernt von etwas
(Abseits der großen Straßen waren kaum Touristen unterwegs.)

2) *angesichts* (+ Gen.) = im Hinblick auf; unter Berücksichtigung
(Angesichts der Wirtschaftskrise beschloß das Parlament Reformen.)

3) *anläßlich* (+ Gen.) = bei Gelegenheit, aus Anlaß
(Anläßlich des Nationalfeiertages wurde eine Ausstellung eröffnet.)

4) *binnen* (+ Dat.) = innerhalb, im Laufe von
(Binnen zwei Tagen mußte das Haus geräumt werden.)

5) *dank* (+ Dat., auch Gen.) = aufgrund, infolge, durch
(Dank seiner großen Erfahrung war die Einarbeitung kein Problem.)

6) *entgegen* (+ Dat.) = im Gegensatz zu, im Widerspruch zu
(Entgegen unserem Rat brach er das Studium ab.)

7) *gemäß* (+ Dat.) = nach, entsprechend, zufolge
(Ihrem Wunsch gemäß hatte man die Kranke in den Garten gebracht.)

8) *jenseits* (+ Gen.) = auf der anderen, gegenüberliegenden Seite
(Jenseits des Flusses erblickten wir mehrere flache Häuser.)

9) *kraft* (+ Gen.) = durch das Gewicht, die Autorität von (Amtssprache)
(Kraft Gesetzes wird der Angeklagte zu 5 Jahren Haft verurteilt.)

10) *laut* (+ Dat. od. Gen.) = entsprechend, nach dem Wortlaut von etwas
(Laut beiliegenden Bestimmungen beträgt die Lieferzeit eine Woche.)

11) *mangels* (+ Gen.) = aus Mangel an; weil man etwas nicht hat
(Mangels geeigneter Säle können nicht alle Konzerte stattfinden.)

12) *mittels* (+ Gen.) = mit Hilfe von
(Mittels einer Kette konnte der Anhänger befestigt werden.)

13) *samt* (+ Dat.) = zusammen mit
(Man brachte uns die Pflanze samt Wurzeln.)

14) *um ... willen* (+ Gen.) = im Interesse einer Person oder Sache
(Um seiner Eltern willen verzichtete er auf die Stelle in Übersee.)

15) *ungeachtet* (+ Gen.) = trotz
(Ungeachtet des Ausgangsverbots gingen die Bürger auf die Straßen.)

16) *wider* (+ Akk.) = gegen
(Wider besseres Wissen stimmte er dem Verkauf zu.)

17) *zufolge* (+ Dat.) = nach, gemäß, laut
(Gerüchten zufolge hat die Armee die Macht im Land übernommen.)

18) *zugunsten* (+ Gen.) = zum Vorteil (einer Person oder Sache)
(Eine Spendenaktion zugunsten des Roten Kreuzes erbrachte 500 Mark.)

# D. Verzeichnis der verwendeten Vornamen

## 1. Weibliche Vornamen

Andrea
Anja
Annette
Bärbel
Bettina
Christl
Corinna
Diana
Edith
Elke
Else
Emma
Erika
Eva
Evi
Gerda
Gisela
Gudrun
Hedwig
Helene
Helga
Ilona
Ingrid
Isolde
Julia
Katharina
Kristina
Lisa
Margarete
Margit
Maria
Martina
Melanie
Michaela
Miriam
Nicole
Petra
Rita
Ruth
Sandra
Sonja
Susanne
Sylvia
Tina
Ulla
Ursula
Verena
Veronika

## 2. Männliche Vornamen

Alfons
Alfred
Anton
Armin
Arno
Arthur
Axel
Benjamin
Bernd
Carl
Dieter
Eduard
Egon
Ernst
Erwin
Eugen
Felix
Ferdinand
Franz
Georg
Gerd
Gerhard
Gunther
Gustav
Hannes
Hans
Heinrich
Heinz
Helmut
Herbert
Hermann
Joachim
Jochen
Johannes
Jürgen
Karl
Klaus
Kurt
Lothar
Manfred
Markus
Martin
Max
Michael
Otto
Paul
Peter
Philipp
Ralf
Robert
Rolf
Rudi
Rüdiger
Stefan
Thomas
Toni
Udo
Ulrich
Uwe
Volker
Waldemar
Walter
Werner
Wilhelm